高校大学生就业指导探究

费兆亮　刘　佳　梁阿莉◎著

湘潭大学出版社
XIANGTAN UNIVERSITY PRESS

图书在版编目（CIP）数据

高校大学生就业指导探究 / 费兆亮，刘佳，梁阿莉著. -- 湘潭 : 湘潭大学出版社，2023.6
ISBN 978-7-5687-1191-3

Ⅰ. ①高… Ⅱ. ①费… ②刘… ③梁… Ⅲ. ①大学生一职业选择 Ⅳ. ① G647.38

中国国家版本馆 CIP 数据核字 (2023) 第 139370 号

高校大学生就业指导探究

GAOXIAO DAXUESHEGN JIUYEZHIDAO TANJIU

费兆亮 刘佳 梁阿莉 著

策划编辑：丁立松
责任编辑：丁立松
封面设计：万典文化
出版发行：湘潭大学出版社
社　　址：湖南省湘潭大学工程训练大楼
电　　话：0731-58298960 0731-58298966（传真）
邮　　编：411105
网　　址：http://press.xtu.edu.cn/
印　　刷：长沙创峰印刷有限公司
经　　销：湖南省新华书店
开　　本：787 mm×1092 mm 1/16
印　　张：11.75
字　　数：210 千字
版　　次：2023 年 6 月第 1 版
印　　次：2023 年 6 月第 1 次印刷
书　　号：ISBN 978-7-5687-1191-3
定　　价：58.00 元

前言

随着我国社会经济的发展，大学生就业压力越来越大，因此学校需要对学生进行专业的就业指导，以帮助学生进一步了解自身的能力，缓解学生的就业压力。目前有的学校虽然取得了很好的成绩，但是对于就业指导的重要性缺乏足够的认识，就业指导队伍专业水平不足等，这些都不利于大学生就业指导工作的开展。

就业指导是为了让大学生更好地了解自身的特点，正确认识社会的需求，帮助大学生选择有利于个人发展的职业，同时为学生的职业发展提供有效的指导，促进学生最大限度地发挥个人价值。当前，机关和企事业的竞争非常激烈，用人单位需要大学生具备良好的终身学习能力，并且能够合理地进行职业规划，因此就业观念指导对于大学生来说，具有非常重要的现实意义。

本书是在充分考虑高校大学生这一群体的特点和求职择业的实际需要的基础上编写的，共六章，内容包括高校大学生就业指导概述、高校大学生就业环境与就业政策指导、高校大学生择业素质及特点、高校大学生就业指导的流程、高校大学生就业心理指导以及高校大学生就业能力的培养。本书编写的主要目的是帮助大学生正确认识当前就业形势，了解就业政策，树立正确就业观念，着力提高大学生的求职能力和职业适应能力，为高校大学生顺利实现就业、走向社会提供指导。本书结构清晰、内容翔实，注重理论与实践、普遍性与特殊性相结合，具有全面性、系统性、实用性的特点。相信通过对本书的阅读，大学生可以提升自己的就业能力。

笔者在撰写本书过程中，参考和借鉴了一些知名学者和专家的观点及论著，在此向他们表示深深的感谢。由于笔者水平有限，书中难免会出现不足之处，希望各位读者能够提出宝贵意见，以待进一步修改，使之更加完善。

目　录

第一章　高校大学生就业指导概述 …………………………………………………… 1
第一节　职业概述 ………………………………………………………………………… 1
第二节　大学生就业与就业指导 ……………………………………………………… 10
第三节　国外高校的就业指导 ………………………………………………………… 16
第二章　高校大学生就业环境与就业政策指导 ………………………………………… 25
第一节　大学生就业观念与形势 ……………………………………………………… 25
第二节　大学生就业环境 ……………………………………………………………… 36
第三节　大学生就业政策 ……………………………………………………………… 46
第三章　高校大学生择业素质及特点 …………………………………………………… 58
第一节　高校毕业生的基本素质 ……………………………………………………… 58
第二节　就业者自我评价 ……………………………………………………………… 67
第三节　大学生的择业特点 …………………………………………………………… 72
第四章　高校大学生就业指导的流程 …………………………………………………… 77
第一节　大学生就业的准备与调整 …………………………………………………… 77
第二节　大学生就业信息的收集及使用 ……………………………………………… 90
第三节　大学生就业自荐材料的编写 ………………………………………………… 107
第四节　大学生就业面试的内容及技巧 ……………………………………………… 118
第五节　大学生就业协议的签订和劳动权益的维护 ………………………………… 127

第五章　高校大学生就业心理指导 …… 134

第一节　大学生就业心理 …… 134

第二节　大学生就业心理问题产生的原因 …… 140

第三节　大学生就业心理的自我调适 …… 143

第六章　高校大学生就业能力的培养 …… 147

第一节　大学生就业现状分析 …… 147

第二节　大学生就业能力 …… 149

第三节　大学生就业能力发展的路径 …… 151

参考文献 …… 180

第一章　高校大学生就业指导概述

第一节　职业概述

一、什么是职业

（一）职业的含义

职业是参与社会分工，利用专门的知识和技能，为社会创造物质财富和精神财富，获取合理报酬，作为物质生活来源并满足精神需求的工作。它是人类社会发展到一定阶段的产物。

从不同的角度出发，人们对职业的概念有不同的论述。

中国自古就有“职业”一词，从词义的角度解释，“职”有“社会责任”“权利与义务”的含义，而“业”是以某种特殊的技能“从事某种业务”“完成某种事业”。

美国社会学家塞尔兹认为，职业是一个人为了不断取得收入而连续从事的具有市场价值的特殊活动。这种活动决定着从事它的那个人的社会地位。杜威从实用主义哲学观点出发，认为职业是人们可以从中得到利益的一种生存活动。日本职业专家保谷六郎认为，职业是有劳动能力的人为了生活所得而发挥个人能力，向社会做出贡献而连续从事的活动。我国学者姚裕群认为，职业是一个中性的概念。从社会的角度而言，职业是指人们为了谋生和发展而从事的相对稳定的、有收入的、专门类型的社会劳动。就个人的角度而言，职业则是指个人扮演的一系列工作角色。

在现实生活中，人们无不与职业活动发生着紧密的联系，职业活动几乎贯穿于每个人的一生。人们在生命的早期阶段接受的教育与培训，是为将来的职业活动做准备的。从青年时期走入职业生涯，到老年时期离开职业岗位，这几十年时间甚至退休以后，职业活动都会参与其中，因此，职业活动是社会生活的重要组成部分。

每一个有劳动能力的人都要从事一定的生产劳动或工作，用以维持生活，承担社会义务，促进社会发展。人的社会生活和工作领域是非常广阔的，职业门类繁多，但每个社会成员却只能在某个领域做某种具体工作，以其有限的生命在有限的空间内占有一席位置，这就是他的职业。从社会生产的角度来看，职业是社会分工的结果。一定的社会分工或社会角色的持续实现形成了职业。

综上所述，职业具有经济性，即从中取得收入；职业具有技术性，即可发挥才能和专长；职业具有社会性，即承担生产任务，履行公民义务；职业具有促进性，即符合社会需要，为社会提供有用的服务；职业具有连续性，即所从事的劳动相对稳定，是非中断性的。

（二）职业的内涵与外延

（1）职业的内涵主要包括四点：①与人类的需求和职业结构相关，强调社会分工；②与职业的内在属性相关，强调利用专门的知识和技能；③与社会伦理相关，强调创造物质财富和精神财富，获得合理报酬；④与个人生活相关，强调物质生活来源，并满足精神生活。

（2）职业的外延主要包括三点：①有工作，即有事可做，有事可为；②有收入，即获得工资或其他形式的经济报酬；③有时间限度，即从事的劳动具有一定的连续性。

对大学生来说，深刻理解职业的内涵与外延，结合自己的特点选择职业非常重要。

二、职业的分类

职业分类是指按照一定的规则、标准及方法，以及职业的性质和特点，把一般特征和本质特征相同或相似的社会职业，统一归纳到一定类别系统中的过程。世界各国国情不同，其划分职业的标准会有所区别。

（一）我国的职业分类方法

1. 我国的职业分类

我国劳动和社会保障部、国家质量技术监督局、国家统计局联合颁布了《中华人民共和国职业分类大典（2022 版）》，根据在业人口所从事的工作性质，将我国职业归为 8 个大类、79 个中类、450 个小类、1 639 个细类。

2. 我国的产业结构

根据行业性质，《国民经济行业分类》将所有行业分为三大产业，具体如下：

第一产业是指农、林、牧、渔业（不含农、林、牧、渔服务业）。

第二产业是指采矿业（不含开采辅助活动），制造业（不含金属制品、机械和设备修理业），电力、热力、燃气及水生产和供应业、建筑业。

第三产业即服务业，是指除第一产业、第二产业以外的其他行业。第三产业包括：批发和零售业、交通运输、仓储和邮政业、住宿和餐饮业、信息传输、软件和信息技术服务业、金融业、房地产业、租赁和商务服务业、科学研究和技术服务业、水利、环境和公共设施管理业、居民服务、修理和其他服务业、教育、卫生和社会工作、文化、体育和娱乐业、公共管理、社会保障和社会组织，国际组织，以及农、林、牧、渔业中的农、林、牧、渔服务业，采矿业中的开采辅助活动，制造业中的金属制品、机械和设备修理业。

（二）国外的职业分类方法

根据西方国家的一些学者提出的理论，我们一般将职业分为三种类型：

（1）按脑力劳动和体力劳动的性质、层次进行分类。这种分类方法把工作人员划分为白领和蓝领。白领工作人员包括：专业性和技术性的工作，农场以外的经理和行政管理人员、销售人员、办公室人员。蓝领工作人员包括：手工艺及类似的工人、非运输性的技工、运输装置机工人、农场以外的工人、服务性行业工人。这种分类方法明显地表现出职业的等级性。

（2）按心理的个别差异进行分类。这种分类方法是根据美国著名的职业指导专家霍兰创立的“人格—职业”类型匹配理论，把人格类型划分为六种，即现实型、研究型、艺术型、社会型、企业型和常规型。与其相对应的是六种职业类型。

（3）依据各个职业的主要职责或从事的工作进行分类。这种分类方法较为普遍，以两种代表为例。其一是国际标准职业分类。国际标准职业分类把职业由粗至细分为四个层次，即 8 个大类、83 个小类、284 个细类、1 506 个职业项目，总共列出了职业 1 881 个。其中 8 个大类是：①专家、技术人员及有关工作者；②政府官员和企业经理；③事务工作者和有关工作者；④销售工作者；⑤服务工作者；⑥农业、牧业、林业工作者及渔民、猎人；⑦生产和有关工作者、运输设备操作者和劳动者；⑧不能按职业分类的劳动者。这种分类方法便于提高国际职业统计资料的可比性和促进国际交流。其二是加拿大《职业岗位分类词典》的分类。它把分属于国民经济中主要行业的职业划分为23个主类，主类下分81个子类、489个细类、7 200多个职业。此种分类对每种职业都有定义，逐一说明了各种职业的内容及从业人员在普通教育程度、职业培训、能力倾向、兴趣、性格以及体质等方面的要求。

三、职业的功能

（一）个人功能

职业生活在人们生活中是居首要地位的活动，解决好职业问题对人的一生发展具有重大的意义。人们除了必须从事某种职业维持生计外，还可以通过职业活动参与社会实践，获得应有的社会地位，实现自己的人生理想。具体来说，职业的个人功能主要表现在以下几个方面：

（1）职业是个人获得经济收入的来源，是个人维持家庭生活的手段。人们通过职业为社会奉献劳动，社会按照一定的标准付给劳动者一定的报酬，这些报酬成为劳动者及其家庭成员生存和发展的主要经济来源。不同职业给人们带来的经济收益存在一定的差别，这也直接影响着人们物质生活水平的高低。

（2）职业是促进个性发展的手段。职业活动按照一定的社会规范和内在规律运行，每种职业都有其独特的活动结构，对从业者有着特定的要求。从事一定的职业会促进个体在相关方面兴趣的培养和个性的发展，促使个体不断完善自身，从而促进个性的发展。当从事的职业能使个人的特长、兴趣得到充分发挥时，也就促进了个性的充分发展。择业的成功和职业上的成就，能够使人们实现社会价值，使人们受到社会的尊重，也满足了人们自我实现的需要。

（3）职业对个体的生活方式有直接的影响。生活方式有狭义和广义之分。狭义的生活方式主要是人们的消费、言谈举止和其他日常生活方式；广义的生活方式，除包括狭义生活方式的内容外，还应包括人们的劳动方式或工作方式。由于不同的职业要求其就业者必须掌握不同的知识和技术，遵守不同的职业规范，这就决定了不同职业有着不同的劳动方式或工作方式。

在现实生活中，职业对人们的消费方式、言谈举止和其他日常生活方式的影响随处可见。一般情况下，人们可以从交往者的言谈话语、行为举止，判断出对方属于哪一个具体的职业。一个人若长期从事某种职业，就会形成一种特殊的职业标准类型。这种职业生涯类型将会长期影响其以后的生活方式，甚至是终身。

（4）职业是个人贡献社会的途径，是劳动者创造人生价值的舞台。由于职业分工不同，从事不同职业的人对社会所承担的责任也就不同，这对于一个人的人生道路的选择以及生活目标的确立有着直接的影响。人们往往在长期从事某一特定职业的实践中付出艰辛劳动，为社会贡献力量，实现人生价值。

（二）社会功能

职业的社会功能主要表现在以下几个方面：

（1）职业的存在和职业活动构成了人类社会的存在和社会活动，是社会财富的生产和创造过程。任何人生活在世界上都要从事一定类别的职业活动，没有脱离职业活动的人类活动。职业活动创造出社会财富，从而为社会的存在和发展奠定物质基础，在创造物质财富的基础上，它也同时生产着精神财富，构成人类的社会活动。社会如果没有科技工作者，就不会有科学技术的日益发展；没有医务工作者，就不会有医疗技术的进步。

（2）职业是维持社会稳定，实现社会发展的手段。职业的发展是推动社会进步的动力。人类社会是由政治、经济、文化、教育、科学技术、军事等诸方面构成的，人类社会的发展是以上诸因素共同发展的结果，这些因素的发展又是同与之相适应的职业分不开的。职业活动、各行各业间的相互关系与合作形式反映了社会的运作方式。职业的载体是人，没有职业活动，现代社会就不能维持和运转，更谈不上发展。所以，职业活动是保障社会生存、保持现代文明的复杂结构及经济和社会发展的先决条件。

四、职业评价与职业声望

（一）职业评价

职业评价反映了人们对职业的主观认识态度，通常以公众尺度和自评尺度两种方式体现。公众尺度所反映的是不同背景的公众对职业等级的排列次序；自评尺度所反映的是个体对职业等级的排列次序。两者之间相互联系，相互影响。因为专业与职业是相互联系的，所以大学生对专业的评价和对职业的评价也是相互联系的。对职业的评价直接影响到职业的选择和就业后的职业流动。

在人们的观念中，众多的职业可以按照标准顺序排列，但是标准并不是一成不变的，它常常由时代、制度、政策，甚至民族和区域的不同而不同。例如元代有“一官、二吏、三僧、四道、五医、六工、七猎、八民、九儒、十丐”之说。在中华人民共和国成立前后，人们对演艺职业的评价天壤之别。我国经济体制改革前后，人们对个体职业的评价也有很大不同。当然，一般来说，评价职业地位好与坏的因素主要有四项：职业的社会功能、职业社会报酬、职业自然条件和职业要求。

（1）职业的社会功能。职业的社会功能是指一定的职业对社会的作用，它由责任、权利、义务体现出来。社会功能大的职业，任职条件高，职业层次也高。

（2）职业社会报酬。职业社会报酬是指任职者的工资收入、福利待遇、晋升机会、发展前景等。这是一个比较综合的指标。如工资收入高，并不一定福利待遇高，也不一定晋升机会多，发展前景就好。因此，不同的人以不同的认识来评判。

（3）职业自然条件。职业自然条件是指与职业活动相关的自然工作环境，如技术装备、劳动强度、安全系数、卫生条件等。职业自然条件好，职业社会层级也高。

（4）职业要求。职业要求是指职业对职业者各项素质的要求。对人要求越高，被人替代的可能性就越小，职业社会层级也就越高。

（二）职业声望

职业声望是职业地位在人们头脑中的主观反映，体现了一定时期人们对职业的态度。研究者一般是选择具有代表性的公众和代表性的职业，通过调查数据来排列职业声望，反映职业地位。

职业声望是职业的社会功能、职业社会报酬、职业自然条件和职业要求四项因素的综合反映和综合作用的结果，任何单项因素都不能全面反映职业声望的状况。有的职业从业者经济收入高，但社会地位并不高，如个体工商业者。

由于职业声望是人们对职业社会地位的主观反应，因此，它不可避免地带有个人的偏见以及受社会环境、舆论氛围等其他因素的影响。这使得职业声望和社会地位出现了一定的差异性，主要表现在以下六个方面：

（1）个人偏好。有人形成了对某一种或某一类职业的好与恶的心理定式，缺乏客观性和全面性，只以职业声望的个别因素为评价依据，对职业进行评价，必定得出片面的结论。

（2）社会环境。人是社会环境中的人，人们对职业的评价往往被社会上出现的某类个别现象引导，如时尚性、趋利性等。尤其是一定的社会政治和文化背景，直接左右着人们对职业的评价。

（3）舆论氛围。一定时期内大众舆论所造成的具有倾向性认同的职业，虽然职业地位不高，但因其收入等其他因素，使评价者对某一种或某一类职业出现了心理倾向性。

（4）性别差异。职业社会调查结果显示，男女对职业声望的总体评价虽大致相同，但在绝对分值中，则显示了性别的差异性。

（5）教育程度。受教育程度的不同，使人们对职业声望的评价也不尽相同。

五、职业的产生与发展趋势

（一）职业的产生

职业是人类社会发展到一定阶段的产物，是随着社会分工的产生而出现的。原始社会是人类历史上最初的社会形态，氏族是社会的基本生产单位和组织。氏族成员中存在着自然劳动分工，如男子狩猎、捕鱼，女子在家抚养子女、管理家务。这种分工几乎是纯自然和自发的，是建立在性别、生理差异和年龄状况基础上的，还不能称为职业分工。随着社会生产力的发展，人类征服自然的能力提高，原始农业在社会生产中的重要性越来越明显，农业在社会生产中起主导作用。随后，社会生产力逐步发展，并产生了三次社会大分工。第一次社会大分工，畜牧业从农业中分离出来；第二次社会大分工，工业从农业中分离出来；第三次社会大分工，商业和各类服务业开始出现。经过三次社会大分工之后，氏族解体、私有制产生、阶级出现，至此，职业活动成为普遍的社会现象。

当原始社会发展到后期，随着生产力的进步，出现了畜牧业与农业、手工业与农业的分离，继而又出现了专门经营畜牧业、农业和手工业产品交换的商业。由于有了这些社会分工，社会便出现了最初的职业，如农夫、牧人、工匠、商人等。进入奴隶社会，随着生产力的发展，大量剩余产品的出现，使社会上的一部分人有可能脱离体力劳动，依靠别人的剩余产品来生活。奴隶主和富商们完全摆脱了体力劳动，其中一部分人专门从事管理国家、组织生产等活动，由此出现了脑力劳动和体力劳动的大分工，职业的种类又有所增加。

封建社会使职业得到发展。随着封建社会农业经济和社会的发展，冶铁、纺织、陶瓷、造纸、印刷、造船、酿酒、制糖、制茶、漆器和武器制造等手工业、商业和自然科学、文学艺术等领域，也都有了很大的进步。除在奴隶社会已经出现的农民、手工业者、商人和生产管理者外，又出现了诸如艺术家、诗人、文学家、科学家、医生、教师等新的职业。在新行业产生与兴旺的同时，旧的、落后的行业就逐渐消失了。如冶铁技术的兴起和发展将青铜铸造业挤出了历史舞台，从事青铜铸造业的人就改行从事其他职业了。

资本主义社会带来了职业的繁荣。从 18 世纪中期起，由于科学技术的发展和生产工具的改革，欧美一些国家发生了产业革命，完成了以机器生产代替手工劳动、以机器大工业及社会化大生产代替工场手工业的重大变革。大规模的机器生产不仅使职业分工更细，还带来了许多前所未有的职业。

（二）职业的发展趋势

职业是社会劳动分工发展的必然产物，社会分工是职业划分的基础。在人类社会发展的历史长河中，职业并非一成不变，而是在多种因素共同作用下不断变化与发展的。社会生产力的发展引起的社会分工的变化，决定和制约着职业的发展和变化。社会经济是直接制约和影响职业变化的重要因素。社会政治制度、宗教、文化、经济发展等诸多因素都会导致许多职业的兴衰起伏。科技的发展使社会分工和职业分化的势头进一步加快，职业呈现出专业化、知识化、智能化、服务化的发展趋势。

（1）社会职业种类增多，新职业频繁出现。经济领域是集中职业种类和职位数量最多的社会领域。改革开放以来我国经济飞速发展，产生了对各个行业人才的需求。目前职业已远远超过“三百六十行”，据有关资料介绍，大约在 20 世纪 70 年代，世界职业种类就超过 42 000 种，现在则更多。

职业种类的增多还要归功于现代科学技术的新发展、社会经济发展、一些边缘科学的开发、社会服务的变化、社会政治体制及管理的变化。

（2）对知识技能的要求越来越高。知识是人类实践活动和思维成果的结晶，是人类文明得以发展和延续的基础，是人类改造自然和社会的强有力的工具。对求职者而言，知识的积累是成才的基础和必要条件。但知识数量的多寡并不能完全代表一个人真正的智能水平，因此求职者应把知识转化为专业技术。

随着社会主义市场经济体制的建立和不断完善，社会人才观及人才类型也发生了巨大变化，社会对未来人才知识的综合性结构提出了更高的要求，不仅要求求职者具有专业知识和技能，还能够突破专业限制，成为掌握多种知识和技能的高素质复合型人才，且应当具有良好修养，成为对社会负责的合格公民。低技能不仅约束技术革新的速度，还会约束更有生产力的劳动组织的采用，因此，未来职业的专业性、技能性、功能性特点会越来越强。

（3）在未来各种职业中，体力成分将大大降低。科技进步给职业发展带来巨大冲击，新技术、新工艺的研究开发应用，必然导致部分职业的新旧更替。例如，电子计算机技术的发展，使得诸如电报发报、电话接线、机械打字等传统职业逐渐走入末路，但随之而来的电子通信网络服务，电脑保安、计算机制造，调试、维修、设计、培训等新职业却纷纷涌现。因此，科技发展使职业发展呈现出这样的特点，即脑力劳动职业将越来越多，体力劳动职业将越来越少，信息时代社会产业结构的变化将不断加剧，使得人们在职业间的流动大大加快，结构性失业问题会越来越多。

信息对人们的职业发展具有不可估量的价值，它是现代社会个人或组织赖以生存的基础性资源，信息不仅是知识的传播载体，也是机遇的化身。信息隐含着许多机遇信号，职业人员要想谋取理想的职业岗位，充分发挥职业才能，不仅取决于学识、技术、能力和社会经济需求等因素，也取决于求职者能否掌握足够的职业信息。

现代信息科学技术不仅极大地推动着社会生产力和经济的迅猛发展，也为信息传播创造了优越的条件。人们每天都在通过各种渠道，接受巨大的信息流，现实存在的职业信息会告诉我们社会经济生活和职业发展的真实面貌。透过职业信息，人们可以从实际出发看待个人的发展方向，调整个人的职业专业学习内容，有利于合理地调整职业方向，避免因信息时代职业变化过快而发生的结构性失业。

（4）服务业发展迅速。服务性行业随着经济发展而不断发展，经济越发达，服务性行业就越兴旺。世界经济在飞速向前发展，这必将带动服务性行业的发展，而服务性行业又是劳动密集型行业，它的发展必将带动我国几亿农村劳动力的就业情况。21世纪劳动力市场需要的不再是只懂得遵守纪律的生产线工人，而是有主见、独立的公民，能承担风险的企业家，并且在全球化技术进步的背景下，能不断汇聚新出现的专业技能的技术人才。在对技能的需求方面，劳动力市场对常规及非常规动手能力，常规认知的需求降低，而对非常规分析和交往能力的需求增加，并且还要求求职者具备创造力和创新技能、批判性思维、信息和通信技术、交流与工作能力、伦理和社会责任感等新能力。

总之，无论哪个行业领域，技术性工作者都将成为21世纪社会的职业主体，许许多多的技术人员将支撑起各自所在的行业。

第二节　大学生就业与就业指导

一、就业与就业指导

（一）就业

1. 就业的概念

就业是指劳动者同生产资料相结合，从事一定的社会劳动并以此获得劳动报酬或经济收入的活动。就业应具备三个基本条件：一要从事社会劳动，二要得到社会承认，三要有一定的报酬或收入。凡是符合这三个条件，就算就业。

2. 就业的基本特征

（1）社会性。劳动者与生产资料是构成就业的基本要素。两者相结合，处于一定的生产关系之中。生产关系就是社会关系，就业总是受到社会关系的推动和制约，总是同社会现状与发展密切相关的。

（2）经济性。对社会来讲，就业活动在宏观上要求尽可能充分合理地利用社会劳动力资源。对劳动者个人来讲，就业是获得生活资料的手段。就业活动的结果，要尽可能地满足劳动者不断增长的物质和文化生活的需要，使劳动力再生产的条件不断完善。

（3）计划性和合理性。劳动者和生产资料的结合不是任意进行的，而是要按一定的计划和比例。其计划的方式由生产关系决定，结合的比例取决于生产力的发展水平。

（4）变动性和相对稳定性。随着生产力水平的提高和社会分工的不断发展，劳动者就业岗位的变换越来越频繁。这种变动在现代社会是不可避免的。同时，不同劳动资料与劳动对象相结合的劳动就业岗位，对劳动者的文化技术水平有着不同的要求。要提高结合的效益，就要不断提高劳动者的素质，并使劳动者尽可能地稳定在一个就业岗位上。

（二）就业指导

1. 就业指导的概念

就业指导也可称为求职择业指导、职业指导或职业辅导，它有狭义和广义之分。狭义的就业指导是给被指导者传递就业信息，帮助其求职与择业，为其与职业的结合牵线搭桥。广义的就业指导是以被指导者的自身特点、自愿与社会职业的需要相协调为前提，帮助和指导其树立正确的就业意识，并为其选择职业、准备就业以及在职业中求发展、求进步等提供知识、经验和技能，组织劳动力市场以及推荐介绍、组织招聘等与就业有关的综合性社会咨询服务活动。

大学生就业指导是广义的就业指导，是为帮助大学生根据自身特点和社会职业需要，选择并确定有利于发挥个人才能和实现个人理想的职业；帮助大学毕业生按照国家就业政策的导向，及时落实用人单位或自行创业；为就业后发展成才、创立事业提供帮助和指导，使其正确地实现自己的人生价值和社会价值。

2. 就业指导的作用

就业指导的目的是使无业者有业、有业者敬业、敬业者乐业、乐业者创业。从根本上说，就业指导就是要帮大学生树立正确的世界观、人生观、价值观，增强毕业生适应经济建设和社会发展的能力：一方面要为全面提高学生的素质和其顺利就业提供多方面的服务；另一方面是要帮助和引导学生根据自身特点和社会职业的需要，选择最能发挥自己才能的职业，全面、迅速、有效地与工作岗位结合，实现其人生价值和社会价值。

二、就业指导历史的由来

（一）大学生就业指导的产生与发展

随着社会分工的发展，人们有了从事不同职业的需要。但在一个多世纪以前，由于社会分工简单，职业分类宽泛，职业指导的问题并非迫切需要。到19世纪末20世纪初，资本主义得到了迅速的发展，社会分工越来越细，新的职业不断出现，以美国为代表的移民国家，由于经济发展迅速，新的工业部门不断涌现，各类职业也对人提出了一系列的要求，因此，职业指导就成为迫切的需要。

基于社会的需要，美国铁路工程师、律师帕森斯热衷于帮助青年人选择职业的工作，他于1908年在美国的波士顿创办了世界上第一个就业指导机构——波士顿地方职业局，自任该局的第一任局长，并开始系统的职业指导活动。他在第一次报告会上使用了“职业指导”这一概念，其后这一名词在美国被广泛使用，并很快传播到其他国家。1909年，他的著作《选择职业》出版，这标志着就业指导工作在美国的正式发起。

1911年，哈佛大学首开大学生就业指导的先河，开设就业指导十讲。1917年，波士顿职业局并入哈佛大学教育研究生院，更名为哈佛大学教育研究生院职业指导局，这标志着美国大学就业指导工作的正式开展。

我国也是世界上开展就业指导工作较早的国家之一。20世纪初，留美归国学生倡导和发起就业指导。1916年，中华职业教育社主办的刊物《教育与职业》第15期专门刊出《职业指导》专号，对其进行宣传和倡导。1923年，清华大学设立职业指导委员会。1931年9月21日，全国职业指导机关联合会成立，并以研究职业指导为宗旨。同年12月14日，联合会举行了第一次年会。著名教育学家蔡元培、黄炎培等都为就业指导做出过重要贡献。倡导就业指导最得力的组织首推中华职业教育社，该社成立于1917年，以“使无业者有业，使有业者乐业”为社训，其主要工作内容为：一是调查本地重要职业；二是调查毕业生的基本情况；三是征求实业家对毕业生的要求；四是给毕业生讲择业要点。1924年，该社在上海、南京、济南、武汉等地举行了为期一周的职业指导活动。1927年9月，上海职业指导所成立，宗旨为“求人者得人，求事者得事”，工作内容包括升学指导、职业咨询、职业测验、职业演讲、职业调查、择业指导、改业指导等。1931年，南京、无锡、常熟、嘉定等地也纷纷设立职业指导所。全国各地青年协会每年举行夏令营，邀请有关专家研究青年职业问题，出版刊物，指导青年就业。

当时中国职业指导的倡导者们花了不少力气，想了不少办法，使中国的职业指导从无到有，并取得了一定成效，但由于其后外侵内乱，教育落后，社会发展缓慢，就业指导中断。中华人民共和国成立初期，由于实行高度集中的计划经济，毕业生就业实行统包统配制度，人们的思想意识中没有开展就业指导的必要，所以从中华人民共和国建立到20世纪70年代末期，就业指导一直处于中断状态。

（二）我国开展大学生就业指导的历程

我国就业指导工作的恢复是在20世纪80年代中期。当时上海和北京的一些职业中学为帮助学生顺利就业开始试行职业指导，当时的劳动人事部还编写了培训教材《就业指导》。从大学来说，深圳大学首开改革开放后大学生就业指导的先河。深圳大学是我国改革开放后成立的一所新型大学，学生毕业后不包分配、自谋职业，因此，就业指导工作破土而出。深圳大学1986年成立了大学生就业指导中心，中心为学生就业开展咨询服务活动，开设就业辅导课，编辑《就业指导报》，利用电脑搜集、存储就业信息，设立就业信息公布栏，组织用人单位进行招聘，使该中心成为学生就业的桥梁和纽带。

在毕业生就业改革的新形势面前，原国家教委积极推动大学生就业指导工作的开展。1983年底，原国家教委创办《毕业就业指导报》；1989年4月，我国筹建“全国高等学校毕业生就业指导中心”，经过两年时间的准备，1991年2月中心正式挂牌成立；1993年原国家教委创办了《中国大学生就业》刊物，并成立了毕业生就业指导专业委员会，研究毕业生就业制度改革和就业指导理论及工作的开展，并多次发出通知，要求适应毕业生就业制度改革，积极开展就业指导工作。

1991年，由国务院同意并转发的《高等学校毕业生分配制度改革方案》（以下简称《方案》）中，把就业指导工作作为毕业生就业制度改革的配套措施，要求各地方、各部门和各高等学校建立毕业生就业指导机构。《方案》提出，就业指导机构的主要任务是贯彻国家毕业生就业的政策、法规，发布毕业生供求信息，架起沟通毕业生、学校、用人单位之间的渠道，对毕业生进行就业指导，为毕业生创造公平竞争的客观条件，指导双向选择工作的正常运行，研究解决工作中出现的矛盾和问题，为学校反馈信息。1995 年国家教委办公厅又发出通知，要求把就业指导列入正式的教育教学计划。

从目前来看，我国已形成了以教育部为主的领导和指导机构，形成了高等学校以及主管毕业生就业的各省和地方人事部门的毕业生就业指导或服务机构，形成了纵向贯通、横向交流的就业指导模式。社会上面对毕业生就业服务和帮助企事业单位人才录用服务的人才评价机构也已诞生。这标志着我国的大学生就业指导工作已进入了科学化和规范化的轨道。高校的就业指导工作正蓬勃开展，对就业问题的研究不断深入，内容不断扩展，认识不断提高。高校的就业指导工作在形式上生动活泼、灵活多样。教育部提出高等院校要把就业指导列入必修课。我国高等院校的就业指导工作再上新台阶。

三、就业指导的主要内容

（一）就业理论指导

这是就业指导的重要内容，主要是对大学生进行思想教育，引导学生树立正确的人生观、人才观和就业观，帮助大学生科学认识和正确对待就业。理论指导重点是解决好以下几个问题：①树立正确的成才观，使大学生认识到如何成为适应社会发展的高素质人才；②树立正确的择业标准，指导毕业生把个人理想与国家需要结合起来，从实际出发，适应社会发展的要求；③树立职业道德。

（二）职业生涯发展规划指导

按照自身和社会的实际情况来设计、规划自身未来的职业发展方向和目标，进而为实现该目标而努力。

（三）就业政策法规指导

就业政策法规指导，就是通过指导使学生了解国家制定的就业改革措施、有关部门和省市制定的行业性和区域性就业政策以及所在学校制定的具体实施意见，按有关规定就业。它包括：①劳动法规指导。大学生就业的实质是与用人单位建立劳动合同关系，就业法规指导可以使大学毕业生依法办事，用劳动法维护自身的权益，履行应尽的义务。②就业工作程序指导。这有利于大学毕业生在规定的时间段内收集信息，参与双向选择，进行毕业鉴定，办理报到手续等，而不影响学校正常的教育秩序和学生的学习。

（四）就业心理指导

随着就业竞争的日趋激烈，大学生的择业心理问题近年来呈上升趋势，各种心理障碍和心理疾病对大学生顺利走向社会造成不良影响。因此，就业心理指导要求运用心理学的方法，针对大学生心理发展特点和择业中暴露出来的心理问题进行择业心理教育。

（五）就业信息指导

学校通过多种渠道收集和掌握社会需求信息，整理、归纳和分析，预测就业动态和人才的供需矛盾，了解和掌握用人单位对人才素质的要求，并及时将信息传递给学生，以对他们的求职择业及自我塑造和发展起到帮助和导向作用。就业信息指导包括国家宏观就业形势的分析指导、收集具体就业信息的指导。

（六）就业技巧指导

求职是一门艺术，有许多技术和技巧。求职的技巧有时对学生能否成功择业产生直接影响，因此求职技巧的指导具有较强的实用性，对保证求职的成功具有重要的意义。就业技巧指导包括自荐技巧（主要是递送自荐材料）、面试技巧、礼仪的指导。

（七）走向职业成功的指导

学生从学校走向社会，是人生道路上的一大转折。在刚刚走上工作岗位时，由于时间环境发生了变化，他们需要一个适应的过程。在这个过程中，他们要完成从学生到职业人的角色转变，需要经历社会化和再社会化的过程。如何尽快适应环境，进入新的角色状态，完成工作以后的心理调适，是就业指导需要解决的问题。我们力求要通过这一指导，帮助学生及时调整自己的心理，尽早进入新的角色状态，尽快适应环境，适应社会，树立信心和责任感，用自己所学知识在实际工作中乐业、敬业，脚踏实地，干一番事业。

（八）创业教育和指导

党的十七大明确提出“实施扩大就业的发展战略，促进以创业带动就业”的要求。党的十八大提出：“引导劳动者转变就业观念，鼓励多渠道多形式就业，促进创业带动就业。”

面对大学生就业难的压力及社会对创业人才的需求，对大学生进行创业教育，让大学生了解创业知识和国家鼓励创业的政策就显得异常迫切。这样可以使他们按照国家政策导向和学校的要求，增强创业意识，提高创业技能，使有创业才能的大学生为社会创造更多的就业岗位。

第三节　国外高校的就业指导

一、美国高校大学生就业指导

美国实行的是大学生自由就业制度，学校对大学生就业不承担责任。但由于毕业生就业情况关系到高校的声誉和地位，特别是关系到学校的办学效益，所以各高校都十分重视大学生就业指导工作，并据此投入了大量的财力、物力、人力，使其蓬勃发展。

（一）美国高校大学生就业指导内容

1. 学生自我评价、专业定向和择业目标指导

学生从入学起，就业中心就通过心理测试等方法帮助学生对自身的性格、兴趣、爱好、能力等做出评价，使学生在自我评价的基础上进行专业和职业定向；进入毕业前期，通过咨询方式与学生面谈，帮助学生找出适合自己兴趣、能力、价值观的专业与职业领域，指导学生确定择业目标。对学生进行求职择业训练，包括如何写个人简历、求职信，如何获取信息，怎样展示个人特长，如何掌握求职面试要领等。其方式有个案咨询辅导，也有培训班、指导课形式的集体辅导，还可以通过模拟应聘面试、音像教学等多种形式给学生以指导。

2. 就业信息服务

就业信息服务即通过信息网络及时把各种社会需求信息收集起来提供给学生。学生可以随时通过信息网络查到自己所需要的全国乃至世界各地的需求信息，也可以把求职信息通过网络传送给雇主。此外，就业指导机构还备有各类有关就业指导的图书、报纸、杂志、企业介绍材料，供学生随时查阅。

3. 拓展实践途径

由于许多雇主非常看重学生的社会经历、实践经验和动手能力，学校努力为学生提供到需求单位实习、工作的机会。各校都有一批长期保持密切联系的企业和机构，通过组织学生去实习、工作，增强学生的社会实践能力，为供需双方提供互相选择的机会。

4. 服务雇主

当毕业生与雇主达成就业意向之后，雇主往往要派专人来校与毕业生面对面洽谈，学校就业机构在这方面的接待服务也是经常性的、大量的。

5. 举办校园的招聘面试活动

各大学在教学日历上都安排有固定的学生就业招聘日程，在校园内定期举办招聘面试活动，届时学校的就业机构要接待来自各界的招聘代表，组织类似我国高校的“供需洽谈会”活动。

（二）美国高校大学生就业指导工作特点

1. 就业指导与学校教学工作相结合

从入学起，学校就为学生提供前期职业指导服务，在选择专业和课程方面给学生以帮助；进入高年级特别是毕业学年，学校又为学生提供就业信息服务和就业技巧训练等方面的帮助；毕业后，毕业生仍可回到母校接受各种就业指导和培训教育，获得学校延续不断的服务和帮助。

2. 就业指导顺应社会需要与职业要求

美国高校通过社会各界对各个高校评价情况排名公布以及产学合作教育等方式，加强与社会、与职业界的联系，了解就业市场需求，提高学生职业素养与就业竞争力。

3. 就业指导人员职业化、专业化、专家化

就业指导人员一般都具有心理学硕士或者博士学位，并具有职业咨询师资格。据统计，目前全美国共有职业咨询师 16 万人，其中 80%在高校，为校内职业咨询师。

（三）美国高校大学生就业指导的局限性

1. 缺乏主流的价值观导向

受西方文化的影响，美国各高校在就业指导工作中一般不对学生持有的价值观加以评价，只是帮助学生了解自己的问题，更深入地认识自己，进而协助他们调适矛盾和处理情绪，引导他们自己去解决问题。因此，这容易导致学生过于关注自我的发展而忽略社会需求。

2. 适用性不够广泛

美国的就业指导理论及方法具有浓重的西方色彩。东西方的地域、历史、文化、思想的差异，决定了这些就业指导理论、具体操作方法在引入他国时必须要经历本土化的过程。

3. 生活指导与社会教育缺乏有机结合

美国高校的学生大部分是走读的，住宿分散，教学采用学分制，导致他们参与校内活动的热情不高，特别是就业指导服务，这造成了学生集体生活的缺乏和集体观念的淡漠，教育的效果很容易被社会不良风气冲淡，难以得到保证和巩固。

4. 过分依赖测试手段

随着测试手段的广泛运用，美国高校就业指导工作有过分依赖测试工具的倾向，缺乏生动、具体、灵活的工作。由于青年时期是人的思想、心理、价值观极易变化的时期，测试结果仅是学生某一时期各方面的瞬间体现。因此，测试结果的科学性、长效性不高，影响就业指导工作效果。

二、日本高校大学生就业指导

日本的政府、高校、社会都非常重视高校毕业生的就业工作。就政府而言，日本逐渐形成由文部科学省主管、厚生劳动省协管、大学生就业指导部门为中心、企业提

供支持、就业考试予以保障、大学生积极参与的政府主导型就业促进类型。

(一) 发挥政府职责，保障和稳定毕业生就业

1. 改进教育培训体系，提升大学生的就业能力

日本文部科学省于2000年提出“大学生生活的充实方针和政策”的报告和改善学校学生生活的种种方针和政策，并要求各大学积极培养学生的职业观，对学生实施一对一的细致入微的就业指导，建立和完善学校内的就业指导体制。

厚生劳动省于2004年7月推出“青年就业基础能力支援项目”。该项目是厚生劳动省基于对企业的调查，将企业录用时所重视的能力——就业基础能力分为五个方面，包括职业人意识、沟通能力、商务礼仪、基础学力和资格取得能力，以及相关的讲座（考试）进行规范认定，推出“认定讲座、考试”（1 784个讲座、316项考试）制度。修完认定讲座或者认定考试合格并取得相应资格的青年可以申请并获得厚生劳动大臣署名的能力证明证书。

2009财年补充预算（第2号）拨款1亿日元用于在大学设立帮助大学生就业的职业顾问，以加强教育辅导、开设职业课程等方式增强大学生就业。2009年政府发布的“紧急雇佣政策”专门强调对毕业生的就业支援力度，通过文部科学省改善就业辅导、设置帮助学生制订生活规划的职业教育指导课程，促进高校职业指导的制度化。2010年推出“应届大学毕业生就业支援项目”。该项目强调促进大学生的就业意识，加强就业支援，鼓励大学生积极提高就业能力。文部科学省将向130所通过审查的大学提供每年约2 000万日元的专项经费支持。同时，政府拿出108亿日元专项资金，给予符合条件的实习生技能学习补助，给予企业教育训练技能补助和宿舍补助。

2. 积极采取措施，鼓励大学生自主创业

政府采取多重措施积极鼓励大学生创业。2002年政府编制了一项1 844亿日元的预算，根据新办企业的技术含量和雇用工人的人数，提供一定数量的新办企业扶助金。如果毕业生创办企业，自谋出路，只要提出申请，政府有关部门将根据具体情况，给予一定数额的失业扶助金。只要失业、无业人员或是大学生有切实可行的创业计划，政府就为他们创业提供无担保、无抵押融资。2009年，政府通过修改《商法》，降低了创办企业的注册资金，允许设立1日元资金的公司，公司成立后必须逐步增加注册

资本，在5年之内达到法定的资本金数额。日本“1日元公司”创立许可的新政策，为更多立志创业的毕业生提供了各种方便和机会。

3. 为大学生提供就业信息和咨询服务

针对大学生初次就业率的持续下降，政府采取专门针对毕业生的信息发布措施，根据毕业生的特定需求，提供就业信息、就业咨询与配置服务。近年来日本的主要城市设有负责介绍和安排高校毕业生就业的“学生职业中心”。此外，还有日本雇用信息中心、雇用开发协会、日本人才介绍事业协会、日本人才派遣协会、日本招聘信息协会等众多的就业咨询服务机构。2010年9月，政府成立由所有的都道府县劳动局、地方政府、劳工、工业、利益相关者和学校等成员组成的“毕业生就业支援总部”，负责开展大学毕业生就业情况调查，掌握对大学生就业支援的情况，构建大学毕业生就业服务体系，建立全国企业信息检索系统，强化各都道府县学生职业综合支援中心及其网站的作用，为大学生提供实时的就业信息和咨询服务。在提供信息的同时，它还进行针对学生的职业适应性鉴定、就业心理咨询等服务工作。

（二）积极拓展大学生就业岗位，提高就业率

政府于2009年10月发布了加强对大学毕业生就业支持的“紧急雇用对策”，通过政府与企业的合作，为大学生提供10万个工作岗位。2010年，日本内阁府通过经济“新成长战略”，除了减税之外，还在产业方面提出了七大重点领域，其中第六项“就业与人才”的战略目标将就业卡持有人数增加到300万，为大学毕业生未就业者提供了更多的机会。2010年政府出台了《劳动者派遣法修正案》，原则上禁止仅有工作临时签订雇用合同的登记型劳动者派遣和制造业派遣，希望把生活和收入不稳定的派遣员工引导到正式员工的雇用方式上。针对2011年春季毕业的大学生和高中生不断发生“已内定录用”被取消的情况，政府要求企业加强自律，尽可能避免这种情况。此外，政府和执政党出台了关于援助企业非正式员工新措施的方案。该方案按照每人最高100万日元的额度，向把派遣员工转为正式员工的派遣企业提供资金支持；向录用已被取消“内定录用”毕业生的企业发放补助金；向社会公布恶意取消“已内定录用”的企业名单等。日本政府还制定了新的雇用对策，扩大雇用调整补助金的发放范围，以确保就业形势的稳定。

（三）各高校注重大学生的就业指导和咨询服务

面对大学生严峻的就业形势，日本各高校，特别是一些私立大学，都成立了就业科或就业部，专门负责大学生的就业指导和咨询服务工作，加强对大学生职业意识和就业观的教育，使学校教育与社会需求相接轨。

（1）日本高校在多年的实践过程中，逐渐形成了以就业指导委员会为中心、企业和社会各界提供支持、大学生积极参与的职业教育机构，为解决毕业生就业提供了强有力的保障。从宏观上看，日本大学的职业生涯教育机构不是简单意义上的行政部门，它承担着与就业有关的职业教育、咨询服务和研究功能，对学生的职业教育进行统筹规划，全盘管理，贯穿于高等教育的始终。

（2）为帮助学生提高职业素质，形成符合实际的职业理念，各高校在专业课程设置上，以社会需求为中心，既注重基础理论教学，又重视实践技能培养。各高校都有设施齐全、技术一流的实践基地，为学生打下了扎实的实践技能基础。

（3）十分注重对学生就业技巧的培训，传授求职技巧，帮助学生养成独立思考、积极进取和勇于竞争的意识，树立良好的心态，从而提高其择业能力，为将来求职做好充分的准备。为提高学生的求职实战技能，各高校举办了诸如新闻传媒、广告出版、公务员、文书、教师及海外留学、到外企就业等各行业的就业技巧培训服务，以及开展应聘时的笔试指导、心理测试、模拟招聘面试等活动。

为提高学生的实践能力，学校每年一般安排两周时间组织学生到企业研修，并计入学分。此外，它还通过各种形式的实践活动，如社会调查、志愿者服务和社团活动等，搭建平台，锻炼学生的实践能力。

三、美日两国高校大学生的就业指导工作对我国的启示

（1）单纯的就业指导转变为职业生涯规划指导。大学生就业指导是一门理论性、实践性、操作性非常强，且极具研究性的学科。它具有三个特点：①各个专业、各个学科有不同的就业特点，因此就业研究应当根据不同的专业、不同的学科进行科学分析，应该结合社会需求、各自不同的特点进行具体分析；②不同学校的相同专业应当有不同的专业特色，专业特色要根据学校的指导思想、办学特色、教育特点等进行设计；③由于不同院校、不同专业的学生受个人因素（性格、气质、职业价值观、兴趣、

特长等）和环境因素（就业政策、经济形势等）的影响，学生的个性和综合素质不尽相同。

基于此，政府、高校和社会应把高校毕业生就业指导作为一门学科加以建设，在借鉴国外先进理论的基础上，逐步探索出一套符合中国国情、适合高校学生特点的就业指导理论和实践体系。在实践探索的过程中，我们既要注重以正确的人生观、人才观和择业观引导学生，又要注重个人兴趣和创新能力的塑造，批判性思维和社会责任感的培养，真正使单纯的就业指导转变为职业生涯规划指导，进而使就业指导工作逐步向系统化、科学化、规范化发展。

（2）被动权利主体转变为主动权利主体。大学生就业权益的保护是一个系统工程，政府应致力于就业相关法律的制定，构建有效的就业权益保护体系，促使指导政策法制化、制度化，切实维护大学生的主体利益。目前，就业指导存在三方面的法律问题：①多数大学生法律知识欠缺，就业、社会经验有限，难以应对“险恶”的求职市场；②近年来大学生逐年递增，初次就业经验缺乏，合法权益屡被侵害；③大学生就业规定与劳动法、地方劳动法规相比，还存在一定的欠缺、不完整和脱节问题。

基于此，面对就业竞争激烈、就业形势严峻、就业陷阱较多、毕业生与用人单位相比处于弱势地位等情况，大学生作为就业中的权利主体，要预防和控制就业风险，在求职前应主动了解国家相关政策和法律法规，如《合同法》和《劳动法》，以及相关部委颁布的《关于贯彻执行〈劳动法〉若干问题的意见》和《人才市场管理规定》等，做到知法用法，提高应对能力，合理合法地维护自己的权益。

（3）就业工作由计划与行政管理职能为主转变为服务与指导职能为主。我国大学生就业市场具有特殊性，应借鉴国外将政府、用人单位和高校都作为就业指导工作主体的做法。在高校毕业生就业管理方面，由教育部负责毕业生离校前的就业指导和服务工作，人力资源和社会保障部负责毕业生离校后的就业指导和服务工作，以此形成毕业届时集中就业、毕业过后分散就业、就业后再就业调整等动态性的就业格局。

基于此，教育部门要指导高校大力加强在校生的就业指导和服务工作，并继续深化高等教育改革，充分调动专门的就业指导机构及相关人员的积极性，形成全员参与、全过程指导、全方位帮助的就业工作氛围。地方政府应将高校毕业生就业纳入当地就业总体规划，实行目标责任制。各级人力资源和社会保障部门要做好高校毕业生离校后的就业指导和就业服务工作。其他有关部门要引导高校毕业生树立正确的就业观和成才观，形成全社会共同促进毕业生多渠道就业的良好环境，实现由以行政管理为主向以服务与指导为主转变。

（4）由帮学生找工作向教会学生找工作转变。教育部对就业指导师资队伍建设提出了以下要求："要尽快提高就业指导教师队伍的整体素质，把就业指导教师队伍建设摆到整个高校师资队伍建设的重要位置，努力提高就业指导队伍的专业化和职业化水平。"

基于此，要解决好大学生就业难的问题，我们应做好三方面工作：①政府要想办法提供尽可能多的就业岗位；②建设一支高素质、专业化、职业化的就业指导队伍；③大学生要树立职业化意识、机遇意识、创业意识，主动适应市场需求。要重点把好"三关"：①入口关。严格准入制度，要求就业指导人员除具有硕士及以上学位外，还应具有职业指导资格证书以及心理学、人力资源管理、社会学、高等教育学、职业指导理论专业背景。②数量关。严格按照教育部要求，组建一支由政府、社会、企业和学校的相关专业人员组成的水平较高、数量充足、专兼结合、专职为主的就业指导与服务工作队伍。③考核关。根据就业指导工作的特点，将其与职称和职级的评定、业务进修有机结合，努力实现由帮学生找工作向教会学生找工作的转变。

（5）指导内容由单一化向多样化转变。大学生就业指导内容是否适应当前社会经济发展的需要，是否贴近学生的实际，是否新颖、活泼和多样，是就业指导工作成败的关键，也是就业工作开展有效性的具体体现。

基于此，在就业指导内容上，我们要引导学生按社会需求来加强能力培养，并应做到以下三点：①以增强学生就业能力为目标。大学生的就业能力是指大学生通过教育所获得的知识、技能以及适应劳动力市场变化的能力。高校应加强教育教学改革，注重学生知识水平、学习能力、生产能力和社会适应能力的培养。②注重社会责任感、职业精神和职业意识的培养。采取校友回校做报告、社会人士讲企业文化、开设就业指导课等灵活多样的就业指导方式，注重职业道德的培养。③开展全程化、多样化的就业指导。从新生入学教育开始到整个大学期间，分阶段对学生进行适应性就业指导，加强学生世界观、人生观、价值观及就业观教育。

（6）指导体系由平面化向立体网络化转变。高校立体化、网络化就业指导是一项系统工程，需要政府、高校和社会之间的不懈努力和有序联合，以较好地满足学生就业指导的需要。基于此，要使就业指导体系立体化、网络化，我们必须做到：①就业指导主体多样化。高校、企业和社会都是大学生就业指导的主体，政府只进行宏观就业政策方面的管理。②就业指导机构立体化。各主体内部形成四级纵向的指导机构，如政府就有部级、厅级、市级和县级，同时政府、高校、社会作为横向关系要相互联系、相互作用。③服务平台立体化、网络化。积极办好利用网络技术资源构建的全国大学生就业公共服务立体化平台，充分发挥就业战线和教育行业资源优势，集信息共享、远程见面、咨询指导、教育培训、经验交流、政策发布与辅助管理功能为一体，为大学生就业提供全面信息服务，真正实现指导体系由平面化向立体网络化转变。

第二章　高校大学生就业环境与就业政策指导

第一节　大学生就业观念与形势

高等教育的培养目标是为国家提供各项建设需要的高级专门人才。大学生是国家宝贵的人才资源，是建设国家、实现中华民族伟大复兴的主力军。随着我国高校招生规模的逐渐扩大，2024年全国各类高等教育毕业生规模为1 179万人，毕业生总量压力进一步增大；同时，用人需求结构性矛盾越来越突出；因此，毕业生就业观念需要进一步转变。

一、大学生就业观念

（一）就业观念的定义

什么是就业观念？简单地说，就是求职者对社会环境和企业文化的认识。大学生对未来职业的认知、评价和价值体验一旦为实践所证实、被他人或社会认可，就会在他的头脑中强化，成为一种较为固定的看法和态度，形成一种新的就业观念。

就业观念对大学生择业具有导向和动力作用。它支配着择业主体对择业目标的期望、定位和选择，支配着择业主体的择业行为。因此，正确的就业观念能够指导大学生对职业进行正确的评价、准确的定位和合理的选择。反之，错误的就业观念将使大学生对择业产生过高或过低的期望，影响其准确定位和合理选择。

一般来说，就业观念形成之后，就会在一个较长的时间内发挥其导向和动力作用，左右着大学生的择业思想和择业行为。就业观念具有相对稳定性，但它也是社会现象的反映，会随着社会的变化而发生变化，从而折射出时代的变迁。在市场经济条件下，社会的人才观正在发生深刻变化，当代大学生就业观念为了适应社会需要，也会相应的有所改变。由于每个人的受教育程度、兴趣爱好、性格特点、生活背景各异，每个人的就业观念也不尽相同，具有独特性。

（二）大学生就业观念现状分析

一项最新的针对大学生就业的调查显示，当代大学生就业观随着形势的发展正在悄然发生变化，具体表现为以下四个方面：

1. 重知识与创业，“官本位”逐渐淡化

在“选择就业单位的性质”问题的回答中，选择“自主创业”的同学已占21.8%，已超过选择“政府机关”占21%的比例。与此同时，绝大多数同学仍然看重事业单位，尤其是教学、科研等知识高聚集型单位，而以往“政府机关”这一热门行业并未显示出优势。非国有企业已成为大学生的重要选择，比例高达31.9%。这些说明当代大学生正逐步树立自主创业意识，不断适应社会发展需求，不断凸显对知识密集型单位的青睐。

2. 重经济待遇，更重发展前途

在“选择职业时考虑的因素”选题中，我们共设计了“行业发展前景”“培训提高机会”“施展个人才干”“专业对口”“出国机会”“晋升机会”“薪金报酬”“福利待遇”“工作时间有弹性”“个人兴趣爱好”“受社会重视”11个选项，要求调查对象对每一个选项进行重视程度的选择。其中，对“行业发展前景”的回答中，选择“比较重视”“非常重视”的同学占76.9%；对“薪金报酬”的回答中，选择“比较重视”“非常重视”的比例不到56.6%。这说明绝大多数同学认为选择职业时“行业发展前景”“施展个人才干”“薪金报酬”这三个因素起着关键作用。随着时代和社会的进步，新一代大学生的个体意识逐渐加强，他们更加注重自我价值的实现，关注生存条件，在就业观念上既重视经济待遇，把它作为生活的基础，同时更重视前途发展，有较强的事业心。

3. 择业目标趋向多元化

大学生的择业与就业观，制约着他们对职业的选择和对地域的选择。大学生就业观念和择业价值取向的多样性，导致了大学生选择职业的多元化倾向。折中多元化主要表现在两个方面：首先，是对未来从事职业领域的选择。在“您最希望从事的职业”

问题答案中，选择“公务员”“教师”“经营管理人员”三个选项的比例相差不大，均在40%以上，选择其他选项的同学也较多，这说明原有选择职业集中单一行业的现象正在淡化。其次，是对工作地域的选择。“孔雀东南飞”现象在大学生就业流向上维持了很长一段时间，但在“您选择就业单位的地理位置”这一问题的回答中，虽然选择“大都市地区经济发达城市或不限”的比例达37.2%，显得稍为偏高些，但选择“其他中等城市”的比例也接近30%，这说明在就业单位地理位置的选择上已不仅仅是大都市经济发达地区或大城市，中等城市也逐渐成为大学生选择的重点，与当前社会上人才汇流趋势相吻合。

4. 自我评价趋于理性化

在“正确评价自己的重要性”这一问题中，选择“非常重要”“比较重要”的比例为94.9%。在评价方式的选择上，大多数大学生选择“自我评价”的同时，选择“社会实践”的比例达21.4%，充分反映了大学生较强的自我意识，相信自己的判断能力，同时强调社会实践的检验，这说明当代大学生自我评价已从以自我为中心逐步转向理性化。

调查结果还显示：目前大学生心目中最好的行业是IT业；其次是金融保险业、日用品行业等。有一半的大学生将首选企业锁定在微软、宝洁、海尔、IBM、华为、联想等20家著名企业身上，这说明大学生在选择企业时的标准相当一致，就业目标相对集中。而这些企业之所以成为大学生们争相加盟的目标，其吸引力主要来源于发展潜力、国际化趋势、知名度、薪酬与福利、激励机制和培训机会。

不过大学生对岗位的期望值依然偏高。调查显示，大部分学生期望第一份工作具有技术性强、充分发挥智力和权利的特点。在回答“刚进入企业，您最想成为哪种人员”这一问题时，26%的大学生希望成为技术人员，24%的大学生希望成为管理人员，19%的大学生希望成为策划人员。而这与眼下大学生就业的现实情况显然是不相符的。

大学生对于企业所需的个性品质有较为准确的认识。大学生认为企业看中的个性品质占比分别为：勇于创新（18%）、踏实（17%）、合作（16%）、乐于参与竞争（10%）、良好交际（9%）等，这与信息时代倡导的个性特征相吻合。同时，大学生对于自我定位的需求越来越突出。在自身弱点的判断上，大学生的自我评价占比分别是：没有工作经验（22%）、知识能力储备不足（15%）、英语不够好（13%）、自我定位不够准确（13%）等。

尽管有如上可喜的变化趋势，但我们也要看到大学生的就业观念还没有发生总体上的根本变化，即他们都是以“天之骄子”的心理壁垒择业，一面抱怨就业难，一面却又有业不就。大学生群体必须有清晰的定位：认识到大学生群体是国家宝贵的人才资源，有广大的发展潜力和光明的前途，只有积极就业，在社会实践中锤炼，敢于竞争，不断增长才干，才有可能成为国家、社会的栋梁之材。

（三）树立正确的择业观念

对大学毕业生而言，就业是迈入社会的第一道门槛。由于毕业生数量连年增加，大学生就业问题成为近年来社会、国家乃至全世界关注的热点问题。为了切实解决自身的就业问题，各国大学生应审时度势，及时调整自己的就业观，响应国家、政府的号召，树立正确的择业观念。

1. 摒弃旧观念，接受新观念

我国大学生虽就业困难，但不意味着大学生数量过剩。从总体上看，我国经济快速发展，对高素质人才的需求日益增加。但是，一些大学生找工作时一门心思盯着大城市、大单位，甚至数千人竞争一个岗位，边远地区、基层单位虽急需人才却应聘者寥寥无几。因此，大学生就业难，固然有高校迅猛扩招与就业岗位增长缓慢之间的矛盾，更重要的是一些大学生就业观念存在问题。树立正确的就业观，培养良好的心态，是解决大学生就业难题的一剂良药。

2. 树立普通劳动者的观念

大学生需要转变精英意识，树立普通劳动者观念。目前我国高等教育已经由精英教育向大众化教育转变，但不少大学生依然抱有“天之骄子”的优越感，认为读大学就理所应当有个好工作，留在大城市、大单位才能体现自己的人生价值，一些家长更是希望孩子毕业后能抱上“金饭碗”，因此找工作时一味追求物质待遇，重地位、重名利，缺少吃苦精神、奉献精神。实际上，不同工作岗位只是社会分工不同，并无高低贵贱之别，大学生也是社会阶层的普通成员，要以普通劳动者的心态和定位选择工作。

3. 脚踏实地从自身出发，降低期望值

降低期望值，拓宽就业领域。每一位毕业生都希望找到一份称心如意的工作，这是无可厚非的。但是，每个人能得到什么样的工作要受到自身条件和客观因素的制约。

有的大学生好高骛远，对自身期望值过高，盲目追求超出本身能力的热门岗位、高薪待遇，最终落入高不成、低不就的尴尬境地。大学生择业时，首先要实事求是地认识自己，不仅要考虑“我想从事什么”，更要考虑“我适合干什么”和“我能做什么”，确定符合实际的期望值。放宽视野，把目光从竞争激烈的热门岗上位移开，更多从自身实际、发展空间考虑，如此你可能会发现务实往往“海阔天空”。

4. 认清个人能力，学会从工作中学习

有文凭不代表就一定有水平，有学历不一定有能力。大学毕业只能说明一个人具备了一定的学习能力和专业理论知识，并不能说明这个人一定就是人才，一定能够被社会接受。社会是大课堂，对大学毕业生来说，要能够适应社会，把课本上所学的东西运用到实践中，还需要一个再学习的过程。即使是毕业时找到了一份比较理想的工作，如果在工作中好高骛远、自以为是，不注重知识的更新，吃老本，用不了多长时间，同样会被淘汰；即使所从事的不是本专业的工作，只要埋下头来，坚持向书本学、向实践学、向身边的同志学，同样可以干出一番事业，得到社会的认可。因此，对大学毕业生来说，从事什么工作并不重要，重要的是要树立终身学习的理念，充分利用八小时以外的时间，坚持边工作、边学习、边提高，这才是成功择业乃至立业、展业的关键。

5. 勇敢地迈出人生事业的第一步

计划经济体制下“一次就业定终身”的观念，使毕业生择业时顾虑重重，生怕入错行误终生。如今竞争上岗、人才流动和再就业已成为普遍现象。职业是可以变化的，就业是一个动态过程，大学生要以平常心对待第一次就业，树立“先就业，后择业，先生存，后发展”的心态。即使初次就业不理想，以后也可以重新择业。

我国目前的国情是人才供需整体失衡，社会就业竞争加剧。在整体就业环境不容乐观的情况下，先就业后择业应该是智者的选择。大学生在求职时，都想找一份称心如意的职业，选择一个满意的单位，但要想一步到位实现自己的职业理想，成功的概率比较小。尤其是对于应届毕业生来说，他们对社会了解甚少，受专业限制以及社会工作经验等因素的影响，很难一次性找到真正适合自己的工作。比较实际的办法还是先找份工作就业，然后再寻找新的机会，分步到位。否则，就容易失去许多起步的机会。毕竟是先要有工作岗位来锻炼能力，能力强了才能更好地发展事业。一个人参加工作，只是职业生涯的开始，并不表示他的一生只能在这个岗位上工作。随着人才市场的日趋完善，人才流动渠道逐步畅通无阻，就业以后如果再择业优点更多。所以，先就业后择业，是比较明智而又务实的选择。

（1）响应国家、政府制定的政策，树立正确的择业观念，如下基层、面向西部、自主创业等。广大农村、边远地区、基层是吸纳毕业生就业的广大空间，可供大学生施展才华的空间也很广阔。一些大学生不愿下基层，一是怕吃苦，二是认为没有“前途”。近年来，国家为鼓励大学生到基层就业制定了一系列优惠政策，大学生在基层能得到多方面锻炼，积累实践经验，更有发展的潜力，这对个人成长是极为有益的。北京开始招聘的“大学生村官”，就是一个很好的例证。

近几年，自主创业成为就业新方向。国家对大学生自主创业提供了税收、贷款等多方面优惠政策，鼓励自主创业。知识经济时代，大学生拥有较高的知识和技术，富有开阔精神，蕴涵着巨大的创业潜能。自主创业不仅能缓解巨大的就业压力，更是大学生发挥自己主观能动性、聪明才智的广阔舞台，是符合时代要求的就业趋势。

（2）中小企业是普通高校毕业生理想的择业选择。中小企业是吸纳新增就业人员的主力军。从所有制上讲，个体工商户、微型和中小私营企业成为既吸收城市新增劳动力就业，又转移农村剩余劳动力，还要吸纳国有和集体下岗再就业职工的又一领域。相对中小企业吸纳的其他就业人员，普通高校毕业生作为城市新增劳动力的一支队伍，更具有就业优势。

我国是发展中国家，中小企业数量增长的空间还很大，由此而产生的新的就业岗位势必更多。作为高等院校的毕业生应抓住这一契机，加速观念转变，积极投入中小企业建功立业。

（3）树立正确的择业观念，就要明确是先就业还是先择业。就业与择业，孰先孰后，关键是根据自身的实际情况和所处的环境条件，因势利导，为我所用。比如，有的大学生学的是“热门”专业，他愿意也有可能在适合自己专业的诸多单位进行选择，先择业，后就业，这当然很好。有的大学生一时找不到适合自己专业的工作，且苦于生计等原因，先找份工作，积累经验，然后再图发展，这样也不能说不好。有的大学生面对严峻的就业形势，降低门槛，到民营企业工作，既人尽其才，学用结合，又能为企业贡献智力，既就业又择业，可谓两全其美。有的大学生为了学到更多更新的知识，或继续深造，或到国外留学，为将来谋得高层次、高薪酬的岗位打下坚实的基础，他们现在的“不择业，不就业”是为了将来有更多更好的择业就业机会，这种选择，你能说不明智吗？总之，择业、就业，可以说是大学生们一道无可回避的课题。但孰先孰后，还是要立足现实，准确定位，量体裁衣，适合自己的才是最好的。

作为普通高等院校的毕业生，应找准切入点，抓住市场，力求在众多竞争者中独树一帜，直击企业需求的要害。在择业的过程中，毕业生要遵循的原则只有一条：有条件择业的，抢抓机遇，乘势而上，寻找切合实际的择业之路；无择业优势的，要清醒地认识到就业正逐步从卖方市场向买方市场转变，迅速调整好心态，抢占就业先机，先生存，再发展。

先就业后择业的好处：一是可以先熟悉社会，早些投入社会实践；二是有了工作再择业比待在家里安心，不会产生精神上的负担；三是有可能会喜欢上现在所干的工作；四是倘若本人意志薄弱，加上家教不严，时间一长，变懒学坏，后果不堪设想。

当然在先就业后择业的过程中，我们应该强调的并不是先随便找个工作，然后“逮”个机会就跳槽，而是要求大学生把心放平，把眼界放低，从基层做起，在这个过程中选择适合自己发展的、能在职业发展道路上为自己奠定基础的工作，在实践中进行磨炼，从中不断提升自己的能力，积累竞争的资本。

（4）树立正确的择业观念，自立自强，不再等、靠、要。在就业形势日趋严峻的今天，大学生应先降低要求，找份工作干起来，这样一方面减轻了父母的经济负担，另一方面增加了社会阅历，增强了实际工作能力。在工作中，我们会逐渐对自己的个性、能力、优缺点以及胜任什么工作有比较理智与成熟的认识。工作经历会让人发现自己的多个侧面，退一步讲，即使几年后从事其他职业，现在的工作经历也不是没有用处。

人类社会发展证明，要先生存才能发展。大学生作为社会的一员，首先考虑的应该是生存，其次是就业，然后再在条件成熟时选择自己喜欢的职业。例如北京大学毕业生陆步轩选择在街头卖肉的工作，四川有位叫罗福欢的大学生选择擦皮鞋的工作。从这两位大学生的就业观我们可以看出，解决生存问题是人类最基本的，也是最大的需求。积累经验，积累资金，寻找合适的职业，是大学生最好的出路。

大学生就业，认定目标才能少走弯路，有所不为方可有所作为。虽然当前就业竞争激烈，形势严峻，但我们也应该看到，从中央到地方各级政府一直高度重视人才工作，我国经济的持续增长又创造了大量就业岗位，所有这些都为大学生就业、择业提供了宽广的舞台。

正视就业竞争是必要的，切合实际先择业也是必要的。因此，大学生在毕业以后，应该找准自己的定位，发挥优势，树立勇于竞争的信心，积极争取适合的岗位。

“海阔凭鱼跃，天高任鸟飞。”社会为大学毕业生提供了施展才能的广阔空间。转变观念，开阔视野，以理性、务实的心态迎接就业挑战，你会发现工作并没那么难找，生活中的机会无处不在。

二、大学生就业形势

就业形势是有关就业的环境状况和发展趋势。社会在不断发展变化，就业形势也随之发生了巨大的变化。大学生就业虽然是个体社会变化的过程，但一个人的发展绝不会游离于大环境之外，是与国家、社会的大环境息息相关的。对即将毕业的大学生来说，就业是人生道路上的一次重要选择。如果对就业形势一无所知或知之甚少，对当前的就业形势缺乏全面、理性的分析，仍然坚持传统的就业观，他们很可能会错失就业良机。“知己知彼，百战不殆。”大学生就业时，应该对当前的就业形势及其未来发展方向有一个全面、客观、清醒的认识，应主动适应就业形势，转变就业观念，准确为自己定位，在择业时做出理智选择。

（一）大学生就业情况分析

就业问题是世界性问题，它直接关系到经济的发展和社会的稳定。当前，我国面临的就业压力与挑战比世界上任何国家都要严峻。

1. 普遍性就业问题

随着中国高等教育在探索中的不断发展，高校扩招导致高等教育进入大众化时代。社会和经济的发展需要更多的人才接受高等教育，但一些问题也随之而来，扩招的直接结果之一就是毕业生的快速增长。教师资源不足，导致扩招后的毕业生素质参差不齐，这就直接导致了人力资源的巨大浪费，间接导致企业对新聘人员的毕业学历要求越来越高。某些领域及职位对于学历的要求其实并没有那么高，但是由于大量毕业生的出现，供大于求，精英化走向了大众化，因而在浪费人力资源的同时，造成了大量毕业生就业难的问题。企业需要的综合素质人才供小于需，而高校每年输出的素质不均衡人员供大于需，这样的供需不平衡，造成企业找不到人才、大学生就业难这样的矛盾又尴尬的局面。

2. 结构性就业问题

大学生就业难不是绝对的，而是相对的。这里面的主要矛盾是结构性矛盾，即经济结构和劳动力结构不匹配而形成的就业岗位与劳动力素质水平不匹配也会引发就业问题。中国处于就业人口高峰期，某些领域毕业生数量急剧增长，但是相应的就业岗位增长缓慢，继而出现经济高增长与就业高增长脱节的困难局面。具体来说，结构性矛盾主要表现为：一是不同学校和专业之间的需求差异明显；二是用人单位对毕业生学历的要求越来越高；三是社会发展的区域存在不平衡。

3. 个人选择性就业问题

个人出于对自身及职业未来发展的选择而引发的就业问题。它与结构性就业问题的区别在于：结构性就业问题的供需不平衡表现在宏观区域及岗位上，个人选择性就业问题则表现在微观个人的职业选择上，宁肯待业也不愿去填补缺额。调查显示，大学毕业生找到工作并不难，难的是找到一个适配的工作。其原因首先是大学生的职业价值取向和就业观念不符合实际而导致的失业问题。大学生目前的择业观念多是选择公务员、事业单位及科研机构等传统概念上的“铁饭碗”职业，而在地区上则是选择“北上广深”等东南部大都市发达城市。其次，大学毕业生自身综合素质不高，无法适应社会的实际需求，难以符合用人单位的要求。目前高校里所学的课程，与用人单位的职位需求存在差异，而大量毕业生只满足于考试的追求，往往忽略了自身能力的培养，缺乏知识积累和解决实际问题的能力，在应聘场合紧张、胆怯，表达能力差，因此而错过了许多就业机会。最后，对自身的错误定位直接导致大学生择业缺乏目的性，成功率不高。个人选择性就业问题成为目前大学生就业问题中最明显最突出的。

4. 期望过高问题

一些大学生对用人单位开出超出本人实际情况的薪金要求，也会造成就业困难。道理很简单，工作经验是在工作中磨炼出来的，刚毕业的大学生从各方面来看都不可能创造出太大的价值，因此在期望方面也应该做到理性。对这一点，诺贝尔经济学奖得主赫克曼认为，学校教育最多只能占一个人一生的三分之一，而其他的三分之二还来自早期的家庭教育和工作中的教育。因此，优秀的、完美的人才不是从校门出来就立刻诞生的。如果毕业生不能认识到这一点，非常容易出现期望值过高而落空，以致最后对就业满腹牢骚的情况。

5. 其他问题

近年来，毕业生自主择业成为主流，然而某些地区政府及企业对于户籍、档案等的管理与限制仍然存在，这也是导致大学生未就业先失业的一个因素。许多大学生都遭受过“非本市户口免谈”的痛苦经历。由于没有用人单位所在地户口或者非本地区高校毕业生，一些大学生与许多好的工作机会失之交臂。

大学生就业难的现状是由多方面因素共同作用而造成的，要解决这一目前普遍且严重的社会问题，我们必须从多方面入手，调动国家、企业、高校及毕业生的力量，共同努力。

（二）高校毕业生就业难的解决方案

1. 在大学期间提高自身的就业能力是解决大学生就业难的有效途径

提高社会适应能力和自身素质，掌握就业主动权。面对严峻的就业形势，毕业生个人的素质、能力、专长和团队精神将是主导毕业生择业的重要因素。优胜劣汰是市场竞争体制下的规律。大学生只有不断提高自身素质，掌握过硬的本领，才能在就业竞争中占据主动地位，谋取自己理想的职位。虽说大学是个“小社会”，学校和社会的运行规则却有很大不同。许多大学生对社会的看法趋于简单化、片面化和理想化，缺乏工作经历与生活经验，因而需要在就业前注重社会能力、生存能力以及心理素质的培养。只有沉着、冷静地应对所遇到的所有挑战，用积极乐观的心态克服一切困难，在毕业后他们才能更快更好地融入社会；同时，大学生需要增加社会实践，从实质上提高自身心理承受能力、人际交往能力和应变能力等。通过实践，大学生可以真正面对自身的优点和不足，真实感受到就业环境及形势的转变。这有利于大学生重新定位与调整，找到适合自己的职业，缩短自己真正走入社会后的适应期。

2. 转变不正确的就业观念，树立正确的价值观和就业观，做好职业规划

大学生要依据职业生涯目标规划自己的知识积累和社会实践，循序渐进，为实现理想做积极的准备，同时要阶段性地进行自我分析和未来职业分析。科学地分析自己的兴趣、气质、性格和能力，从而正确地认识自身的优势与特长、劣势与不足，寻找适合自己的职业。在进行职业生涯规划时，毕业生要充分考虑自身职业发展的区域、

从属行业的特性、职业所在行业的现状和发展前景，同时了解职业对于求职者自身素质和能力的要求。大学生只有将合理的知识结构和适应社会需要的各种能力统一起来，才能立于不败之地。

3. 自主创业，依靠自身实力解决就业问题

大学生可以在一定的条件下，找准商机，发挥自身的聪明才智及一技之长，走自主创业、自谋职业的道路。这样在解决自身就业问题的同时，可以为社会提供新的就业渠道，缓解就业压力。大学生应该逐步树立起“先就业，后择业，再创业”的职业选择策略，从现实出发，选择适合自己的职业生涯规划道路。

4. 高校的改革势在必行

第一，目前某些高校学科知识结构陈旧，不符合当前市场的需求，因此应当合理地调整学科结构和专业设置，根据社会及市场的改变，调整办学方式方法，增加毕业生就业的筹码。合理调整各专业的招生数量，顺应市场变化及经济发展的需求，避免“热门变冷门”的尴尬局面。第二，从入学开始就循序渐进地开展就业指导工作，不要把就业指导变成仅仅针对毕业生的招聘指导，要逐步引导大学生正确制订自己的职业生涯目标及规划，将就业指导工作贯穿大学生的整个学习生涯。第三，进行以就业为导向的高校教育与教学改革。调整学校内部的教学内容和教学方法，与时俱进，形成一套新的符合时代发展和经济结构调整的教育培养模式，开设具有专业特点、实践性强的课程，在教授学生专业知识的同时关注市场发展对复合型人才的需求，加强对学生综合素质的培养。

5. 加强及完善政府部门在毕业生就业工作中的职责

首先，进行宏观调控，制定相关的政策法规，辅助完善就业市场体系的形成及健康发展。其次，合理加大宏观调控力度，发布一系列的优惠政策，促进人才的合理流动，优化人才的配置。再次，各级地方政府可以建立针对应届毕业生及失业人员的失业保障系统和培训机制。

大学生是中国巨大的人力资源财富，毕业生失业是人力资源的浪费。通过建立健全毕业生的失业保障系统，社会稳定得以维护，人力资源得以重新配置和优化，体现了国家和谐社会的政策宗旨。同时，对人才市场上的失业人员进行有针对性的组织培训，加强就业与再就业指导，最大可能地提高失业人员的再就业竞争力。

第二节　大学生就业环境

大学生就业环境是根据一定时期的社会经济发展需要，由国家职能部门、高校、用人单位以及大学毕业生诸要素以一定的组织方式构成的有机的联系网络。它不是一种知识体系，而是我们把握大学生就业这一社会问题的共同理论框架。它为我们考察大学生就业问题提供了基本的观念、原则和方法。因此，我们必须从就业环境共同体的组织结构和运行机制中对问题进行整体性把握，而不是单从毕业生或用人单位某个环节或某个局部去考察，这正是环境模式分析的方法论意义所在。

一、正确认识大学生就业环境

（一）大学生就业环境特点

（1）大学生就业环境是由大学生、用人单位、高校和国家职能部门为要素构成的有机整体。各组成要素具有共同的组织结构、组织方式和运行机制。在共同体中，诸要素各有其作用和功能，并互相关联、互相补充、互相促进。

（2）大学生就业环境不是一个孤立、静止的模型，而是由社会经济发展因素决定的，受社会政治、经济、教育、科技诸方面因素影响的开放性体系。我国大学生就业环境模式发展的历史、现状及未来走向正反映了这样一个过程。当前，我国的大学生就业体制正处于转轨的改革阶段，具体表现为一方面是大学生就业困难、人才闲置，另一方面却是“热点地区”“热点单位”的人才过剩。这种现状显然只是表面现象，实际上社会对高校毕业生的总体需求仍相当大。

（二）我国大学生就业环境的演变

中华人民共和国成立后到20世纪80年代中期，我国大学毕业生实行由国家负责、统一计划的“统包统分”就业模式。就业模式的特点是国家职能部门根据用人单位总体需求情况统一制订毕业生分配计划，毕业生由学校根据国家分配计划统一落实到具体的用人单位。因此，当时毕业生的思想教育就是要求大学生完全服从国家安排，号召学生到祖国最需要的地方去。这种教育思想适应了当时国家计划经济下高度集中的资源配置方式，保证了国家重点建设项目和边远落后地区的人才需求。但是，在这一就业环境中毕业生与用人单位作为供需双方是相互脱节的，片面要求学生无条件服从计划分配，极易造成人才资源配置上的积压浪费和人才使用上的学非所用、用非所长。随着社会主义市场经济体制的建立与发展，原有常态环境越来越不适应社会发展的需要。

近年来，与社会主义市场经济体制相适应，大学生就业模式逐步转向市场运行机制。“自主择业”的模式目标成为新的就业环境。市场调节就业模式以自主择业为核心，通过加强就业环境中各要素即毕业生、用人单位和高校之间的双向沟通与联系，实现就业环境的常态平衡。就业环境的结构特点是从平面单向转向立体多维。在新的常态环境下，毕业生主要依靠个人条件参与市场竞争，不再依赖国家行政手段保证就业；用人单位依靠工作条件和工作待遇吸引人才、选择人才，不再依靠国家行政命令被动接受。新的常态环境与原常态环境最根本的区别在于计划转向市场，被动变为主动，充分调动了毕业生和用人单位的积极性。模式运行机制以“优胜劣汰”双向选择的市场竞争为主导，以人才市场和就业市场为中介，实现人才供需关系的动态平衡和人力资源配置的效益最优化。自主择业的市场调节型大学生就业模式目标，为我们从根本上解决大学生就业难的问题明确了方向。

二、大学生就业环境分析

（一）宏观环境

1. 社会环境

社会环境指人类生存及活动范围内的社会物质、精神条件的总和。我们对社会环境的分析主要包括以下几个方面：

（1）社会政策。人生发展与社会政策密切相关。社会政策分析主要关注哪些事情可以做，哪些事情不能做；分析时不仅要分析现在，还要预测未来。

（2）社会的变迁与价值观念。社会变迁与价值观念分析要重点考查信息社会对职业生涯发展的影响，分析信息社会对人才成长的要求与挑战。另外，我们还要关注人的价值观念的变化。因为随着社会的发展，人的价值观念都在不同程度地发生变化，人的需要层次也在不断提高，这些变化都将对人的职业生涯发展产生直接影响。

（3）科学技术的发展。科学技术日新月异，知识更新的周期也日趋缩短。因此，大学生在职业生涯规划中要充分考虑到知识的补充、理论的更新、观念的转变、思维的变革等。

（4）社会文化环境。社会文化环境包括教育条件和水平、社会文化设施等。在良好的社会文化环境中，个人就会受到良好的教育和熏陶，从而可能为职业发展打下良好的基础。

2. 经济环境

经济环境对人的职业生涯发展有着一定的影响，诸如经济增长率、经济景气度、经济建设的重点转移等等，都可能影响人的职业变化。

当经济振兴时，百业待举，新的行业不断出现，新的组织也会不断产生，机构增加，编制扩容，从而就会为就业及晋升创造有利条件。反之，经济衰退，就会带来不利影响。另外，在经济发展水平高的地区，企业相对集中，优秀企业也比较多，个人职业选择的机会比较多，因而就有利于个人职业发展；反之，在经济落后地区，个人职业发展就会受到限制。经济模式的变化对人有着广泛的影响。比如，由计划经济转为市场经济，又加上知识经济社会的到来，给人的生活方式必然带来巨大的变化，对人的就业、人的发展、人的素质必然会提出更高的要求。经济主观化的发展，也会对人的素质提出更高的要求。例如，经营人才不但要精通专业技术与经营知识，还要精通外语、熟悉国际贸易法以及异国他乡的风俗习惯等。

大学生的就业受一定时期的经济规模、经济结构及劳动力供给等多方面因素的制约，也就是说，经济因素是影响毕业生就业最直接、最重要的因素。随着国家经济的快速发展，国企改革逐渐完成，西部大开发、振兴东北老工业基地以及中部的崛起等发展战略逐步推进。近几年，国有企业将继续需要大批人才，并将继续成为毕业生就业的主渠道。同时，随着市场经济体制的推进和完善，非公有制经济如民营企业、私营企业在国民经济中的作用日益凸显，在解决劳动就业方面也发挥着积极作用。非国有制经济单位也是目前毕业生就业的重要渠道。

3. 政治环境

政治制度、政治氛围和经济发展是相互联系的，政治制度不仅影响到一国的经济体制，还影响着企业的组织机制，从而直接影响到个人的职业发展。政治制度和氛围则潜移默化地影响个人的追求，从而对个人的职业生涯起着间接的影响作用。

近年来面对大学生就业难的问题，我国在毕业生就业制度改革上已经取得了一些突破性进展：一是确立了与社会主义市场经济体制相适应的高校毕业生就业制度，即市场导向、政府调控、学校推荐、学生与用人单位双向选择的就业制度；二是建立了中央和地方两级管理、以地方管理为主的管理体制，形成上下联动、齐抓共管的良好局面和工作机制；三是初步形成了促进毕业生就业的政策框架体系，创造了良好的政策环境；四是初步建立了毕业生就业指导服务工作体系，高校就业指导基本做到了机构、人员、经费“三到位”。同时，国家积极提倡大学生到基层、到西部就业，每年都有大量的高校毕业生响应国家的号召，加入志愿服务西部基层的行列。据初步调查，在服务期满的西部计划大学生志愿者中，已有累计超过 7765 人选择或意向选择留在服务地长期工作。

（二）微观环境

1. 家庭环境

家庭作为一种微观环境，是客观因素的重要组成部分，在大学生职业生涯规划中发挥着重要的作用。罗安的需要理论曾指出，父母的管教方式会影响子女的职业选择，童年的家庭经验影响子女处理人际关系的方式、情绪反应以及活动的态度与兴趣。另外，家庭的社会经济地位、父母对儿女未来职业的期待以及期待程度、父母的职业身份和父母的榜样作用等都会对个体的职业生涯造成不同程度的影响。除了这些间接影响之外，有时候父母还会对子女的选择进行直接的干预。所以，在一定意义上讲，大学生的职业选择不同程度地融合并反映了家长的意志。

职业选择的前奏是专业选择。家庭对子女专业选择影响的一个主要途径是家庭环境的熏陶。例如，艺术家庭出身的大学生，在家庭成员的长期影响下，就很有可能继承父母的职业价值观，从而走上艺术的职业道路。

家庭作为大学生的后盾力量，对大学生职业选择的影响不容忽视，尤其当大学生在职业选择道路上犹豫不决、徘徊不定时，听一听父母的建议可能是一种不错的选择。

2. 学校环境

对学校环境进行分析，主要是分析学校的特色以及校园文化。每个学校由于历史的、文化的因素不同，都会具有各自不同的特色传统，而了解和把握这些特色，对于大学生更好地成长和有针对性地择业具有积极意义。

不同的校园文化对大学生有着重要的影响。校园文化是一种在大学特定区域中生活的所有成员共同拥有的校园价值以及这些价值在物质意识形态上具体化的文化形态。通俗地说，校园文化是学校工作、学习和生活的全体人员所创造的，具有新内容和独特形式的，以不同形态存在而由最小单位所构成的整体。

总之，每一个人都处在一定的环境之中，离开这个环境便无法生存和发展。所谓“时势造英雄”，说的便是环境对人的作用。政治风云、经济兴衰、社会潮流，都在深刻地影响着人的一生。大学生只有充分适应与满足社会需要，认清形势，才能站在时代的浪尖上，从而最大限度地实现个人的职业理想。

（三）组织（企业）环境

在选择职业时，毕业生只有充分评估职业环境、职业要求以及自身状况对职业生涯的影响，才能找准职业方位。

根据国家人事部发布的预测，未来几年我国急需的人才主要有八大类：以电子技术、生物工程、航天技术、海洋利用、新能源新材料为代表的高新技术人才，信息技术人才，机电一体化人才，农业技术人才，环境保护技术人才，生物工程研究与开发人才，国家贸易人才和律师。在这八类当中，更热门的有如下几个专业的人才：

1. 网络人才继续走俏

随着互联网行业的回暖，网络人才将会更加走俏，而其中风头最劲、薪资最好的当数软件工程师、游戏工程师和网络安全师等。最新数据显示，从 2010 年到 2025 年，中国需要 200 万软件人才，目前尚有 10 万至 40 万个电脑软件职位的空缺。其中，电脑动画和特别效果方面的年营业额超过了 150 亿美元，人才需求非常大；在互联网收费盈利中最成功的网络游戏业，对电子游戏人才的需求更大；此外，由于我国电子信息网络安全系统较为薄弱，网络安全正成为一门新兴的产业，网络安全工程师也将成为热门职业。根据调研机构和招聘网站的调研，每年相关各类企业对网络工程师的人才需求缺口有 60 万之多，其年薪可达 20 万元左右。

2. 土木工程专业受到追捧

2006 年以前，土木工程专业一直处于不温不火的状态。然而，随着国家基础设施建设的加强和西部大开发战略的实施与推进，建筑业成为国民经济的支柱产业之一，其中房地产业的蓬勃发展必然导致相关行业对人才的需求大增。

3. 汽车制造业提供大量岗位

经过几年快速发展，中国目前已成为世界汽车制造大国之一，政府也正在积极地扶持汽车产业。汽车产业的发展，将会带动零售部件制造、售后服务、汽车美容等相关产业的发展，从而可以为社会提供大量的工作岗位。

4. 中医药行业渐渐升温

中医药是中国传统的优势行业。随着现代医药技术的发展以及中医医术在世界范围内被广泛认可，中医药行业快速发展，从而产生了大量的人才缺口。

5. 市场营销、国际贸易专业需求旺盛

近年来，市场营销、国际贸易专业的高校招生情况比较理想，毕业生的就业形势良好。随着国外企业本土化和国内企业国际化步伐的加快，高素质的营销人才与国际贸易人才也会越来越走俏。

6. 广告新行业"朝阳无限好"

广告业目前已发展成为蕴藏巨大商机的新兴产业，甚至已成为经济生活中不可缺少的一部分。近几年来，广告人才的需求一直在稳步上升。预计今后几年，虽不会出现激增的局面，但其用人潜力还是会很大，尤其是对高素质的创意人员等专业人才的需求将会加大，高校广告专业毕业生的薪资也将会只增不跌。

7. 外语、电子类专业前景依然乐观

从近几年高考招生的情况我们可以看出，外语专业或外语院校的报考热度依然不减。随着中国融入全球经济一体化步伐的加快，国家对外语类人才的需求也将逐年攀升，外语专业毕业生就业前景依然乐观。

8. 新职业前景可待

除了上述热门职业外，一些新职业的就业前景比较乐观，如健康管理师、公共营养师、芳香保健师、宠物医师、医疗救护员、计算机软件产品检验员、水产品质量检验员、农业技术指导员、信用管理师、黄金投资分析师、企业文化师、智能楼宇管理师、商务策划师、会展策划师、景观设计师、磨具设计师、客户服务管理师、动画绘制员、房地产策划师等。

(四) 行业环境

所谓行业环境分析包括对目前所从事行业和将来想从事的目标行业的分析。分析的主要内容包括行业的发展状况、国际国内重大事件对该行业的影响、目前行业优势与存在问题、行业发展趋势等。

行业与职业不同，行业是企业的集合。在同一行业内，人们可以从事不同的职业。比如，同样是从事教育行业，有人憧憬大学教师职业，也有人想从事办公室主任这样的行政管理职业；同在保险行业，有人是一名奔波于一线的业务员，也有人是人力资源部经理。

分析行业环境的时候，我们一定要结合社会大环境的发展趋势，因为社会大环境会对行业的发展产生重要影响。例如，科学技术的飞速发展会使某些行业如同夕阳坠落，逐渐萎缩、消亡，也会使许多极具发展前途的朝阳行业不断出现、发展起来。分析行业环境的时候，我们还要注意国家政策的影响，看一看国家对某一行业是扶持鼓励还是限制制约，职业选择时应尽量选择有前景、发展空间较大的行业。

大学生在职业生涯规划时需密切关注国家政策和经济大势。以环保行业为例，未来极有可能进入发展“牛市”。中国每年因环境污染而损失达 2 800 多亿元。环保问题几乎涉及各个行业和领域。专家预测，国家宏观政策的高度重视和改革，将为该行业的职业人士提供大好的机遇和发展平台。

行业前景不同于职业前景，所以求职时，趋热避冷依然是很多求职者的思维定式，银行业、IT 业等热门行业往往意味着高收入、高福利和长远的发展，而农林牧渔业、传统制造业等行业却总给人收入低、工作枯燥的印象。因此，在人才市场中，热门行业依然人满为患，冷门行业也依然乏人问津。

大学生在择业时不宜只盯着热门行业。首先，行业的冷与热是相对的。例如，前几年互联网业红极一时，但当其经济泡沫破灭时，下岗失业的人也不在少数。其次，热门行业中也有冷门职位，而冷门行业中也有热门职位，行业前景不等于职业前景。譬如，在 IT 行业，也有和计算机几乎没有必然联系的岗位，如行政管理、人力资源等；同样，在非 IT 行业，也需要大量 IT 人才进行系统的开发、建设和维护。懂得避开热门行业中的冷门职位，或善于发现冷门行业中有潜力的、成长性的职位，才是职场中的聪明人。

此外，我们还要记住两个原则：一是无论从事什么职业，都要考虑将兴趣爱好与个性特点相结合。热门专业、职业、行业都可预测，但切不可因为追求热门而强迫自己从事不喜欢或不擅长的职业。二是无论从事什么职业，都要努力把它做好。一份职业的前景如何，最大的决定因素并非行业前景，而是自己有没有用心去做，能不能成为某一领域的专家。现代社会专业分工越来越细，个人只要做好自己的工作，真正做到“人无我有、人有我精”，就一定会有所建树。

（五）企业环境

企业是从业者直接生存和发展的土壤。每个企业都有自己的发展目标、运作模式，了解企业的基本情况是成为“圈里人”的基础，便于自己以后迅速适应新的环境。为了生存和发展，企业本身也要随时关注、适应社会大环境的变化，并采取相应的变革措施，这也必将影响到成员的个人生涯。科学的职业生涯规划一定要把个人的发展与组织的发展结合起来考虑，才能顺风顺水。

企业环境分析包括企业在本行业中的地位、状况和发展前景，所面对的市场状况，产品在市场上的发展前景，能够提供的岗位等，具体包括以下三个内容：

1. 企业实力

企业在本行业中是具备很强的竞争力，还是处于一个很快就被吞并的地位？发展前景如何？企业是力图做大、做强，还是空有其壳？有没有长久的生命力？企业的发展领域在哪些方面？在本行业中的地位和发展前景如何？战略目标是什么？企业在社会中的地位和声望如何？企业的产品在市场上的表现和发展前景如何？

2. 企业领导人

企业主要领导人的抱负及能力是企业发展的决定性因素。企业主要领导人是真想干一番事业，还是只想捞钱获利？他的能力是否足以带领员工开创新天地？有没有战略的眼光和措施？是否尊重员工？很多成功的大企业都有一位出色的企业家掌舵领航，如海尔的张瑞敏。

3. 企业文化和企业制度

企业文化是全体员工在长期的生产经营活动中形成并共同遵循的最高目标、价值标准、基本信念和行为规范。企业文化是影响企业经营效益的重要因素，如果个人的价值观与企业文化有冲突，难以适应企业文化，那么他在组织中就难以发展。

企业文化不是空洞的标语口号，真正的企业文化存在于每个人心底，从日常行为中自然流露出来。没有优秀的企业文化便不会有卓越的企业。从某种角度来说，企业文化折射出企业领导人的抱负。

企业制度设计的范围比较广，包括管理制度、用人制度、培训制度等。尽可能了解以上这些信息，了解企业在组织结构上的特征与发展变化趋势，分析这种安排对自己的未来可能带来什么样的影响。特别要注意企业用人制度如何，能否提供教育培训机会，提供的条件是什么，自己将来有没有可能在此企业担任更高级的职务或担负更大的责任，个人待遇提升的空间有多大。

总之，通过以上分析，你应理出一条清晰的线索，确定自己的职业生涯在这个行业、企业中是否有足够的发展空间，衡量自己的目标是否能够在此企业得以顺利实现。

（六）地域（城市）环境

工作地点的选择也是大学生职业规划中的一个重要部分，甚至可以说，选择在哪里工作的重要性一点也不比选择从事什么工作低。

一方面，城市环境主要表现为东热西冷，供需失衡的情况进一步恶化。另一方面，中西部地区，以及工作条件稍差一点的东部市郊对毕业生的需求也远远没有达到饱和程度。毕业生增量的矛盾集中到了大都市、大中城市、省会城市和城市的中心地带。可见工作区域选择在当今毕业生心目中的重要性。

毕业生过分集中于少部分大城市，已经成为当今大学生就业困难的重要原因。而对于整个国家而言，广大农村甚至中小城市因长期得不到高级人才，区域经济发展不平衡进一步加剧，经济发展差距的拉大反过来又使大学生更不愿意到相对落后的地区工作，由此形成了一个可怕的恶性循环。

对于大学生而言，就业不仅仅是一份工作和职业的选择，很多时候更是一个生活环境甚至一种生活方式的选择。就业区域正是对生活环境和生活方式影响非常巨大的选择。

事实上，根据商业上“人弃我取”的原则，大学生在规划自己职业的时候大可不必集中于珠江三角洲或者长江三角洲等附近的大城市，因为这些区域的就业竞争相当残酷，一般的毕业生想找到一份非常称心的工作实属不易，而内陆的不少区域就业竞争相对较小，大学生在那里也更为吃香。选择中小城市并不是逃避竞争，而是应形势发展而做出的一个合理的选择；而选择到西部边远山区就业更是实现自我社会价值的有效途径，当然非常值得提倡。

不少毕业生选择到北京、上海、广州等经济发达的地方找工作。对此选择，我们都可以而且应该理解。毕竟，大城市的机会总是相对较多。但这也不能一概而论，比如学动物医学的毕业生，内蒙古的需求机会就远远大于上海；学水产专业的学生就更容易在拥有水域的城市找到工作；搞文化艺术当然是北京好；从事金融贸易则应该选择上海等等。从手边的东西拿起，核心竞争力是关键。有了核心竞争力，地域优势反而更明显。

无论是大都市还是小城镇，人才结构均呈金字塔形，高端人才少。人才分布呈山地型，有的地方人才多，是高地，有的地方人才少，是平地。东北振兴、西部开发和中部崛起，这些地区的发展对中高级人才的需求都非常大，在进行职业规划的时候，毕业生可以客观地分析自己，不必过于拘泥传统的地域限制。选择一个适合自己发展的平台，寻找更广阔的发展空间，这才是最重要的。

（七）职场环境

世界万物都有其运行的内在规律，看似风起云涌、暗礁浮动的职场同样如是。作为即将奔赴职场竞技的大学毕业生和准大学毕业生们，只有看清职场的运行规律，尊重它的潜规则，并在实际工作中努力储备和提高自身的职业竞争力，完善个人的综合职业素质，才能避免被市场吞没的危机，进而达到个人职业生涯的一个个高峰。

许多毕业后的大学生都有过这样的困惑：实际就业与自己职业理想相差甚远，收入也与期望值有较大差距。为什么会有这样的情况出现？有关专家认为，大学生缺少必要的就业前的职业规划，缺少对职场的前瞻，势必会造成很多职场新人刚踏上工作岗位就有职业失落感。职场上有句名言：“你今天站在哪里并不重要，但是你下一步迈向哪里却很重要。”成功的人生需要正确地规划。

第三节 大学生就业政策

一、就业政策的含义

大学生就业政策是指大学生毕业后在求职过程中国家和各级地方政府及高等院校，为促进大学毕业生就业工作而制定的基本原则、具体的实施程序、实施办法、权益和义务等方面的规定。这些政策的适用时间段主要是指从求职开始到试用期结束，体现了国家行为和公共权利导向。

二、大学毕业生就业的总体政策

为了使大学毕业生顺利找到工作岗位，国务院办公厅颁发了一系列关于做好普通高等学校毕业生就业工作的文件。透过这些文件精神，我们可以把现行的大学生就业政策具体归纳为：国家计划统招毕业生在国家政策规定的时间和范围内原则上通过供需见面、双向选择、自主择业的方式落实就业单位，逐步实现“建立市场导向、政府调控、学校推荐、学生与用人单位双向选择”的就业机制；而定向和委托培养的毕业生则按合同就业。

三、具体的毕业生就业政策

（一）师范类毕业生就业政策

师范类大学毕业生一般面向教育系统就业，重点充实基层中小学，教育系统确实无法安排的，允许其面向非教育系统自主择业，免收师范教育培养费。除此之外，国家已逐步放开师范类毕业生择业的范围，允许毕业生跨省、跨地区就业，鼓励毕业生到西部地区工作。

（二）委托培养与定向就业政策

高等学校委托培养招生一律实行合同制。委托单位与培养单位之间、委托单位与委托生之间应分别签订委托培养合同。委托生的培养费用由委托单位提供，毕业后按合同规定到定向地区或单位工作。委托生在校期间和毕业后与国家计划内招生的学生享受同等待遇。

(三) 结业生就业政策

结业生由学校向用人单位推荐或自荐就业，找到工作单位的可以办理就业手续，但必须在报到证上注明“结业生”字样；在规定时间内无单位接收的，由学校将其档案、户口关系转至家庭所在地（家居农村的保留非农业户口）自谋职业。已被录用的结业生，在国家财政拨款单位就业的，其工资待遇按照国务院有关文件规定，比国家规定的普通高校毕业生工资标准低一级。

结业生在一年内补考及格换发毕业证书者，国家承认其毕业资格，工资待遇从补发证书之日起按毕业生对待。

(四) 肄业生的就业政策

大学肄业的学生由学校发放肄业证书，国家不负责其就业和办理就业手续，并将其档案和户口转回其生源所在地自谋职业。

(五) 来源于边远省区的毕业生政策

毕业生就业工作中的边远省区是指以下 10 个省区：内蒙古自治区、黑龙江省、广西壮族自治区、贵州省、云南省、西藏自治区、甘肃省、宁夏回族自治区、青海省、新疆维吾尔自治区。由于历史原因，这些省区的经济、科技和教育相对落后。而要改变这种落后面貌，一靠投入，二靠政策，三靠科技，但最关键的是科技人员的数量和质量。国家对边远省区科技队伍建设非常重视，并制定了很多政策，其中包括这样一条：为满足边远地区经济、科技和教育发展对人才的需求，对来自边远省区的毕业生，若所学专业为本省区（含国务院各部委在这些地区的直属单位）所需要的，原则上安排回去就业；对有特殊困难需要照顾的支边职工子女，在征得边远省区主管调配部门的同意后并有单位接收的，可以在内地安排就业。

（六）对自愿支边的内地毕业生的就业政策

国家和边远省区对自愿支边的内地毕业生，除了授予荣誉称号等精神鼓励外，在工作方面，凡是自愿要求支边的，可以不受计划限制，在适合需要的前提下，可以优先挑选工作地区或工作单位。在待遇方面，除了要给毕业生一定的物质奖励外，国家规定至少浮动一级工资，有的边远省区规定浮动两级或两级以上。还有的单位在解决住房、子女就业、夫妻分居等方面优先予以照顾。在工作流动方面，对去西藏和青海高原地区的毕业生，在该地区连续工作满 8 年以上的，如本人申请回内地时，由这两个省（区）人事部门联系原籍或其爱人所在地区安排工作，有关省（市）应予接收并将其工作安排好。其他省区，如果工作一定时间后，要回内地工作，边远省区也会予以放行。但现在我国还不提倡以边支边，具体指：一是毕业生来源于内地省（市）的边远贫困地区；二是一个边远省区的毕业生到另一个边远省区。

（七）到西部等基层单位服务的就业政策

中央做出西部大开发的战略决策，号召大学毕业生积极投身西部大开发与建设。为了吸引应届大学生到西部地区、到基层和艰苦地区建功立业，国家决定实施大学生志愿服务西部计划。本计划按照公开招募、自愿报名、组织选拔、集中派遣的方式，每年招募一定数量的普通高等学校应届毕业生，到西部贫困县的乡镇从事为期一至两年的教育、卫生、农技、扶贫以及青年中心建设和管理等方面的志愿服务工作。志愿者服务期满后，鼓励其扎根基层，或者自主择业和流动就业。

参加大学生志愿服务西部计划的志愿者除享受国家规定的高校毕业生就业优惠政策外，还享有以下政策支持：

（1）服务期间，享受一定的生活补贴（含交通补贴和人身意外伤害、住院医疗保险）。

（2）服务期间，计算工龄，党团关系转至服务单位。本人要求户口和档案保留在学校的，按规定保留两年，在此期间，档案管理机构对其档案保管免收服务费用；本人要求将户口转回入学前户籍所在地的，公安机关按照规定为其办理落户手续，人事、教育部门所属人才交流机构负责办理相关手续，人事部门所属人才交流服务机构免费提供人事代理服务。服务期满落实工作单位后，公安机关按有关规定办理户口迁移手续，到企业就业的，按照规定转接社会保险关系。

(3) 服务期间，可兼职或专职担任所在乡镇团委副书记、学校及其他服务单位的管理职务。

(4) 服务期满考核合格的，报考研究生给予加分，在同等条件下，优先录取，具体规定在当年的研究生招生政策中予以明确。

(5) 服务期满考核合格报考党政机关公务员的，可适当加分，同等条件下，应优先录用，具体规定由省级公务员考试录用主管机关在当年招考中予以明确。

(6) 服务期满，对志愿者做出鉴定，存入本人档案；考核合格的，颁发证书，作为志愿者服务经历和就业、创业的证明。

(7) 服务期满自主创业的，可享受税收优惠、行政事业性收费减免、小额贷款担保和贴息等有关政策。

(8) 服务期满后三年内报考硕士研究生初试总分加 10 分；同等条件下优先录取；高职（高专）学生可免试入读成人本科。

(9) 服务单位应向志愿者提供住宿等必要的生活条件；在录用党政机关公务员和新增国有企事业单位专业技术人员、管理人员时优先录用、招聘志愿者。

(10) 服务期为一年、服务期满考核合格的，授予“中国青年志愿服务铜奖”奖章。服务期满两年、服务期满考核合格的，授予“中国青年志愿服务银奖”奖章，表现优秀的授予“中国青年志愿服务金奖”奖章，表现特别优秀的推荐参加“中国青年五四奖章”“中国十大杰出青年”“中国十大杰出青年志愿者”“国际青少年消除贫困奖”等评选。

(11) 服务期满一年考核合格的，可以应届毕业生身份报考国家机关公务员。报考中央国家机关和中、东部地区公务员的，同等条件下优先录取，报考西部地区公务员的，笔试总分加 5 分，服务期间，享受往返于入学前户籍所在地与服务地之间，每年四次火车硬座票半价优惠等。

(八) 鼓励毕业生到基层就业、创业的政策

(1) 鼓励高校毕业生到基层和艰苦地区工作。对到农村基层和城市社区从事社会

管理和公共服务工作的高校毕业生，符合公益性岗位就业条件并在公益性岗位就业的，按照国家现行促进就业政策的规定，给予社会保险补贴和公益性岗位补贴。在艰苦地区工作两年或两年以上者，报考研究生的，应优先予以推荐、录取；报考党政机关和应聘国有企事业单位，在同等条件下，应优先录用。

（2）鼓励各类企事业单位，特别是中小企业和民营企事业单位聘用高校毕业生，政府有关部门要为其提供便利条件和相应服务。对企业跨地区聘用的高校毕业生，省会及省会以下城市要认真落实有关政策，取消户籍限制。

（3）鼓励高校毕业生自主创业和灵活就业。凡高校毕业生从事个体经营的，除国家限制的行业（包括建筑业、娱乐业以及广告业、桑拿、按摩、网吧、氧吧等）外，自工商部门批准其经营之日起，一年内免交登记类和管理类的各项行政事业性收费。有条件的地区由地方政府确定，在现有渠道中为高校毕业生提供创业小额贷款和担保。

同时，自谋职业、自主创业的高校毕业生可将人事关系存放在政府人事部门所属人才服务机构、劳动或人事部门人才服务机构，这些服务机构将为其办理人事关系接转、人事档案管理、转正定级、党团关系、专业技术职务任职资格申报评审、社会保险金缴纳等服务，实行全方位的人事代理服务，以解除自主创业、灵活就业的高校毕业生的后顾之忧。

（九）患病毕业生的就业政策

毕业生毕业前进行健康检查，不能正常工作者暂不办理就业手续，并让其回家休养。一年内治愈的（须经学校指定的县级以上医院证明）可以随下一届毕业生就业；一年后仍未治愈或无用人单位接收的，户口关系和档案材料转至家庭所在地，按社会待业人员处理。毕业生报到后发生疾病不能坚持工作的，应按在职人员有关规定办理。

（十）残疾毕业生的就业政策

国家政策规定对于残疾毕业生，学校应帮助其就业，确有困难，按有关规定由生源所在地民政部门安置。必要时，学校可与民政部门联系安排残疾毕业生的工作单位。

（十一）对违约毕业生的就业政策

用人单位不准拒收毕业生；同样，用人单位也要求毕业生不能违约，或随意更换单位。如毕业生单方面违约，则应由毕业生向学校和用人单位交纳一定数量的违约金。如果在学校上报计划后毕业生再提出更换单位，则不是违约问题，而以不服从就业派遣论处。

（十二）毕业生到军队工作的就业政策

1. 军队接收大学毕业生参军的条件

按照解放军原总政治部的有关规定，接收对象应当是参加全国普通高校统一考试录取的应届毕业生，大学毕业生参军的基本条件有：拥护党的基本路线，忠于祖国，热爱军队，志愿献身国防事业，符合公民服现役的政治条件；学习成绩平均在良好以上；本科毕业生年龄不超过 25 周岁。

2. 大学毕业生参军后的职级待遇

军队接收的地方大学毕业生在首次评授军衔、评任专业技术职务、确定专业技术等级以及住房分配等方面，与同期入伍的军队院校学习毕业生学员同等对待。本科毕业生获得学士学位，授予中尉军衔，定为副连职（技术 13 级）；研究生获得硕士学位，授予上尉军衔，定为正连职（技术 12 级）；获得博士学位，授予少校军衔，定为正营级（技术 10 级）。

3. 地方大学生入伍后在部队的服役期限

地方大学生在部队服役期的长短主要取决于本人。如果安心在部队服役，而且各方面表现良好，一般都有较好的发展前途。由于种种原因要求退役的，一般服役不少于 5 年。

4. 大学毕业生入伍的优惠政策

（1）优先优待：①大学生参军入伍除享受义务兵正常优待外，还享受优先报名应征、优先体检政审、优先审批定兵、优先安排使用政策以及体检绿色通道。②入伍大学生按规定享受优待政策，优待金由批准入伍地发放，其家庭享受军属待遇，由户籍所在地负责落实相关优待。③国家资助学费。国家对应征入伍服义务兵役的高校学生，在入伍时对其在校期间缴纳的学费实行一次性补偿或获得的国家助学贷款实行代偿；应征入伍服义务兵役前正在高等学校就读的学生（含高校新生），服役期间按国家有关规定保留学籍或入学资格、退役后自愿复学或入学的，国家实行学费减免、学费补偿、国家助学贷款代偿和学费减免标准，本专科学生每人每年最高不超过8 000元，研究生每人每年最高不超过12 000元。由中央财政提前下拨预算，保证国家资助金及时发放到位。

（2）选用培养：①选取士官。具有全日制大专以上学历的大学毕业生士兵，首次选取为士官的，参照直接从非军事部门招收士官的有关规定授予士官军衔和确定工资起点标准，在地方高校学习时间视同服役时间。②士兵提干。本科以上学历，入伍一年半以上，可以列为提干对象；根据规定符合一定条件的，优先列为提干对象。③报考军校。普通高等学校在校生应征入伍士兵参加全军统一组织的军队院校招生考试，年龄放宽一岁；大专毕业生士兵参加全军统一组织的本科层次招生考试，被录取的到有关军队院校学习，学制两年，毕业合格的列入年度生长干部学员毕业分配计划。④保送入学。参加优秀士兵保送入学对象选拔，年龄放宽一岁，在同等条件下优先列为推荐对象，按照有关规定保送进入军队院校培训，本科以上学历的，安排六个月任职培训，专科学历的，安排两年本科层次学历培训。

（3）复学升学：①复学（入学）。应征入伍服义务兵役前正在高等学校就读的学生（含高校新生），服役期间按国家有关规定保留学籍或入学资格，退役后两年内允许复学或入学。②考试升学加分。普通高校应届毕业生应征入伍服义务兵役退役后三年内参加全国硕士研究生招生考试，初试总分加10分，在同等条件下优先录取；在部队荣立二等功及以上的，符合研究生报名条件的可免试（指初试）攻读硕士研究生。③高职（专科）升学。高职（专科）在校生（含高校新生）入伍经历可作为毕业实习经历；具有高职（专科）学历的毕业生，退役后免试入读成人本科；荣立三等功以上奖励的高职（专科）在校生（含高校新生），在完成高职（专科）学业后，免试入读普通本科。④政法干警招录。各地拿出政法干警招录培养体制改革试点招录培养计划的20%左右，用于招录大学生退役士兵，不再实行加分政策。对在服役期间荣立个人三等功以上奖励的退役士兵，报名和录用时在同等条件下优先考虑。鼓励高学历退役士兵报考试点班，并适当增加招录大学生退役士兵的比例。⑤免修军事技能。高校在校生（含高校新生）参军入伍退役后复学或入学，免修军事技能训练，直接获得学分。⑥设立“退役大学生士兵”专项硕士研究生招生计划。根据实际需求，每年安排一定数量专项计划，专门面向退役大学生士兵招生。专项计划规模控制在5 000人以内，在全国研究生招生总规模内单列下达，不得挪用。⑦将高校在校生（含高校新生）服兵役情况纳入推免生遴选指标体系。鼓励开展推荐优秀应届本科毕业生免试攻读研究生工作的高校在制定本校推免生遴选办法时，结合本校具体情况，将在校期间服兵役情况纳入推免生遴选指标体系。在部队荣立二等功及以上的退役人员，符合研究生报名条件的可免试（指初试）攻读硕士研究生。⑧将考研加分范围扩大至高校在校生（含高校新生）。退役人员在继续实行普通高校应届毕业生退役后按规定享受加分政策的基础上，允许普通高校在校生（含高校新生）应征入伍服义务兵役退役，在完成本科学业后三年内参加全国硕士研究生招生考试，初试总分加 10 分，同等条件下优先录取。⑨退役大学生士兵专升本实行招生计划单列。高职（专科）学生应征入伍服义务兵役退役，在完成高职学业后参加普通本科专升本考试，实行计划单列，录取比例在现行 30%的基础上适度扩大，具体比例由各省份根据本地实际和报名情况确定。⑩放宽退役大学生士兵复学转专业限制。大学生士兵退役后复学，经学校同意并履行相关程序后，可转入本校其他专业学习。

（4）就业服务：①高校毕业生士兵退役后一年内，可视同当年的应届毕业生，凭用人单位录（聘）用手续，向原就读高校再次申请办理就业报到手续，户档随迁（直辖市按照有关规定执行）。②退役高校毕业生士兵可参加户籍所在地省级毕业生就业指导机构、原毕业高校就业招聘会，享受就业信息、重点推荐、就业指导等就业服务。③在招录公务员、参照公务员法管理机关（单位）工作人员、招聘事业单位工作人员时，同等条件下优先录用（聘用）符合政府安排工作条件的退役大学生士兵；退役士兵报考公务员、应聘事业单位职位的，在军队服现役经历视为基层工作经历，服现役年限计算为工龄。④国有、国有控股和国有资本占主导地位的企业在拿出一定比例的工作岗位定向招收符合政府安排工作条件的退役士兵时，同等条件下优先招收退役大学生士兵。⑤乡镇补充干部、基层专职武装干部配备时，注重从退役大学生士兵中招录；对返乡务农的退役大学生士兵，鼓励通过法定程序积极参与村居“两委”班子的选举。⑥按照国家规定发给退役金，由安置地的县级以上地方人民政府接收，根据当地实际情况，发给经济补助，安置地的县级以上地方人民政府组织其免费参加职业教育、技能培训，经考试考核合格的，发给相应的学历证书、职业资格证书并推荐就业。

（十三）应届毕业生申请自费出国留学的政策

申请自费出国不参与分配的毕业生，在国家规定的期限内提出申请，经学校审核同意，持有关证明材料直接到户籍所在地公安机关办理自费出国留学手续，学校不再负责其就业。毕业前或毕业时未获出境的，学校照常为其办理派遣和离校手续，并将其户口及档案转至家庭所在地；能够出境的，公安机关将注销其户口，档案由学校转回生源所在地。

（十四）学校的就业政策和规定

1. 关于就业协议书、报到证、户口迁移证、档案的政策和规定

（1）就业协议书。就业协议书是为了明确毕业生、用人单位、学校三方在毕业生就业工作中的权利和义务，经毕业生与用人单位协商签订的协议，也是毕业生报到前，表明毕业生和用人单位双方之间存在着就业和录用意向的明确和唯一的凭证。就业协议书在毕业生整个就业过程中发挥着重要作用，学校凭就业协议书编制就业计划并派遣毕业生。

有效的就业协议具有以下特点：第一，必须是在双方自愿、平等协商、诚实信任的基础上订立，是双方各自真实意愿的表达，双方应诚信地告知自己的真实情况；第二，主体合格，主要是指协议双方，一方必须是在经教育部批准的高等院校正式录取的应届毕业生，另一方则是依法登记注册或者经上级主管机关批准并且正常营业、当年度有用人计划的用人单位；第三，内容合法，主要是指协议中相关条款的规定必须符合法律法规的规定；第四，程序规范。

签订就业协议的程序：第一，毕业生和用人单位在供需见面、双向选择的基础上确定用人意向；第二，毕业生填写本人基本情况并签名，双方均在场的情况下填写协议内容，用人单位填写基本情况和协议的相关条款并盖章；第三，毕业生拿就业协议回学校鉴定、盖章，并将其中一份留给学校的就业部门；第四，毕业生及时将一份协议返回单位。

另外还应注意，毕业生在同一时间只能持有一份就业协议书，毕业生如果想领取第二份协议，则必须先解除第一份就业协议或者承担违约责任。这是从程序上保障毕

业生和用人单位的合法权益。为有效地维护毕业生的合法利益，防止出现意外情况，毕业生在签约前最好向单位了解工资待遇、福利、保险、服务期等情况。

(2) 报到证。报到证全称为“全国普通高等学校本专科毕业生就业报到证”或“全国高校毕业研究生报到证”，由教育部印制，省级高校毕业生就业管理部门签发，只能一人一份，由其他部门印制或签发的报到证无效。报到证的作用体现在以下几个方面：到接收单位报到的凭证；证明持证的毕业生是国家统一招生计划的学生；凭报到证办理落户手续、档案托管和人事代理。不论什么原因，自行涂改、撕毁的报到证一律作废。

如果毕业生不慎将报到证遗失，可由毕业生本人写明具体情况，毕业生所在学校及毕业生就业部门证明属实后，在当地主要报纸登出遗失声明，再为其补办报到证，且需注明“原证丢失，系补办”字样。

如果在择业期内办理改派手续，则两年择业期内允许改派一次。改派毕业生持与新的就业单位签订的《高校毕业生就业协议书》或就业合同到学校就业部门填写《个人办理就业报到证申请表》，持《个人办理就业报到证申请表》、原报到证和与新的用人单位签订的《高校毕业生就业协议书》到省高校毕业生就业指导中心办理改派手续。

按照国家规定毕业生的择业期为两年，两年内没有办理报到手续的则视为自动放弃，档案转到生源所在地人才交流中心的人事代理部门，毕业生两年后找到工作单位（或办人事代理）的，持毕业证、报到证到市人才交流中心，按“五大”毕业生手续办理。

(3) 户口迁移证。大学生在学校读书，户口迁到学校是临时性的，毕业后迁出。户口迁移证是大学生毕业时其户口从学校所在地派出所迁出的证明，不能丢失，不管到哪里，都要在规定时间把户口“落”下来。毕业生户口关系的转移，由学校户口管理部门到辖区公安机关按规定办理，公安机关按《报到证》上标明的就业单位地址迁移户口，毕业生不得自行指定迁移地址。领到户口迁移证后，毕业生应仔细核对并妥善保管，不要折皱污损，更不能丢失，有错漏不能自行涂改，否则作废。到工作单位报到后，本人持户口迁移证和报到证及工作单位证明到辖区公安部门办理户口迁移手续。

(4) 档案及组织关系。档案可以证明大学生的学习经历，档案内有入学通知书，各学期的学籍卡、学籍表、操行考核手册、成绩单、评语、获奖证明及党、团组织材料等。这些都是原始材料，不可复制，大学生一定要重视自己的档案。如果大学生就业后所在的单位没有档案管理权，毕业生最好将档案托管到各级人才交流机构，人才交流机构是管理档案的专门机构。

对毕业离校时未落实工作单位的高校毕业生，本人要求户口和人事档案保留在学校的，按规定可保留两年。在此期间，档案管理机构对档案保管免收服务费用；本人要求将户口转回入学前户籍所在地的，公安机关应当按照户籍管理规定为其办理落户手续。档案可转入户口所在地人事档案管理服务机构。

对于大学生党员，毕业报到后，学生党员的组织关系在毕业时原则上一律从就读院校转出，继续留在院校工作的除外。

①就业单位已经确定，组织关系转往其就业单位党组织；就业单位未建立党组织的，应当将组织关系转移到单位所在地或其居住地党组织，也可以转移到行业主管部门党组织，或县以上政府人事（劳动）部门所属的人才服务机构党组织；就业单位尚未落实的，可将组织关系转移到本人或父母所在县（市、区）委组织部，由组织部签章接收后转往居住地的街道、乡镇党组织，也可随同档案转移到县级以上政府劳动人事部门所属的人才服务机构党组织。

②办理暂缓就业的毕业生党员，其组织关系可暂时放在院校党委组织部，一旦找到工作或者暂缓就业两年时限届满，必须及时办理组织关系迁移，其程序按上述毕业生党员转出组织关系程序办理。

③学生党员毕业时因改派等原因需改变组织关系转移去向的，应在原组织关系介绍信有效期内由本人提出申请，说明改变组织关系去向的原因，经组织关系所在的原党组织审核同意后，到院校党委组织部退回原介绍信，重新办理转移手续。

2. 毕业生就业的程序

毕业生就业工作一般从毕业生在校的最后一学年开始，一般有以下程序：

（1）由学校提供就业信息，并负责推荐。

（2）毕业生与用人单位供需见面、双向选择。

（3）用人单位向学校反馈接收意见。

（4）毕业生与用人单位、学校签订《高校毕业生就业协议书》，内容如实填写，接收单位和主管部门（无主管部门的可省略）盖章，把其中一联交由学校留存。

（5）由学校根据毕业生落实工作单位情况编制就业计划，上报上级主管部门或教育部。

（6）经上级主管部门或教育部审核批准后下发，由省、市地方调配部门按计划派遣。

第三章　高校大学生择业素质及特点

第一节　高校毕业生的基本素质

大学生择业的基本素质包括思想与道德素质、知识与能力素质及身体与心理素质等。

一、思想与道德素质

大学毕业生在求职择业过程中，用人单位十分看重择业者的思想道德素质。例如，国内某知名企业在招聘条件中明确提出：应聘大学生最好是中国共产党党员或争取入党的积极分子、三好学生、优秀学生干部，热心社会工作，具有合作意识，为人正派等。

上述案例说明，用人单位首先在择人，即审视毕业生的思想政治素质和人品。一般而言，社会对大学生在校期间的政治进步与荣誉十分看重，甚至将这种进步与荣誉作为衡量学生思想道德素质的硬性指标。因此，大学生应该注重自己思想道德素质的提高。

（一）树立科学求实的职业理想观

职业理想是大学生选择职业类型与区域的原动因素，求职择业的一切都以此为基本出发点。大学生在走向社会时，其政治成熟度与社会价值观处于待完善、待发展的状态，因此，其职业理想貌似形成，实则有许多尚需修正的地方。欠发展的、不平衡的就业理想观，将对其今后的职业生涯产生久远的影响。大学生的职业理想应该是大学生对未来职业的一种强烈追求和向往，是对未来职业的规划和构思。成熟的职业理想不能忽视以下几个条件：

（1）把生活看作是一个劳动过程。当你确定依靠自己的劳动创造自己的未来时，就会使自己的职业理想建立在一个客观现实的基础上，就会努力创造条件，不断追求，使职业理想不断升华，使人生更显光彩。

（2）把热爱家乡与热爱祖国紧密地联系在一起。这看似与职业理想关系不大，实则是树立职业理想的基本思想条件。当你从心底统一了“两个热爱”时，你就会把个人的职业理想与祖国的命运、父母的企盼、家乡的发展联系在一起，从而把个人的理想与平凡的职业联系在一起。有了这样的职业理想，就一定会有高尚的职业道德。

（3）正确地评价自己的职业理想，客观地看待社会发展条件与实现个人职业理想的关系。其实一个人可能一生都在寻求自我职业理想的实现，但客观地认识社会发展水平和实现自我职业理想的条件，就是一个主观见之于客观的过程。只有当理想与现实达到一致时，职业理想才能成为现实。正确的职业理想形成后，就会在选择职业时不以个人喜好为目的，不受非现实的理想所干扰，不为个人得失和名利所诱惑，就能正确地做出职业选择。

（二）拓展社会视野，增强竞争意识

随着大学生就业市场国际化的逐步形成，培养具有国际竞争能力的高级专门人才的优良品格就显得更为迫切。竞争意识作为当代人优秀的个性品质之一，受到用人单位的广泛关注。要适应双向选择的人才市场要求，竞争意识培养不容忽视。人才竞争包括两个方面：一是用人单位对人才的挑选，能者用，能者上；二是人才本身在求职择业过程中，要获得理想的职业，就要凭自己的实力战胜竞争对手。择业素质中的竞争能力既表现在毕业生的素质实力即“硬件”（如毕业生的思想、品格、成长阅历、工作能力、学业成绩、专业水平、身体条件等）上，也表现在择业活动能力即“软件”（如获得信息的能力、自荐能力、应答礼仪等）上。这两者是择业成功不可缺少的重要因素。不仅如此，大学生在就业之后，也会面临众多的挑战者。大学生要想胜任工作，取得丰硕成果，就必须敢于竞争，善于竞争，在竞争中调动自己的内在潜力，增强工作和社会活动能力。

（三）树立面向基层、艰苦创业的思想

人生的过程都是艰苦奋斗的过程。准备求职的大学生，必须有面向基层，树立艰

苦创业的思想准备。基层工作尽管比较艰苦，工作、生活条件和环境相对较差，但由于缺乏人才，急需大学毕业生去开拓、去创业。据一些高校近年来的毕业生成才情况的追踪调查报告显示，工作出色、成绩显著的毕业生大多出自基层，是从基层艰苦奋斗成长起来的。可以说，基层是毕业生成才的沃土。没有艰苦的锻炼，没有工作经验和能力的逐渐积累，哪里又能够做出前所未有的成就和担当重要的责任呢？大学生只要真正深入到基层当中，扎扎实实地工作，就肯定会大有收获。

二、知识与能力素质

某位工科大学毕业生在大学学习生活中，除认真学好文化课外，课余时间几乎都花在拆修电视机、修电路开关等实践性工作上。学校的大型活动、院系的联欢晚会都少不了请他担任音响设备的总控制。他在担任声像协会会长一职之后，把悄无声息的协会搞得红红火火。在毕业联系就业单位时，该同学拿着全国电子设计竞赛二等奖、省电子设计竞赛一等奖、全国数模竞赛二等奖及各类竞赛获奖的证书，叩开深圳华为公司的大门，并且就职于他十分喜爱而通常由博士生、硕士生占据的技术开发部。该同学在回顾大学生活时总结道："大学四年的最大收获，就是给自己提供了充分锻炼能力的机会。"

从上述案例我们可以看出，决定求职择业成功的因素很多，但较重要的应是求职者的知识结构与能力。随着时代和社会的进步，人们对人力资源的开发越来越重视，用人单位在挑选人才时，对应聘者的科学文化水平和知识结构要求越来越高。一个人的科学文化水平的高低，知识结构是否合理，是否具备相应的实践能力，决定其在求职择业时的成功率和相应的职位层次。要想有所作为，大学生应该从早确定择业目标、自觉地把大学学习同今后的就业紧密地联系起来，建立起合理的知识结构，培养科学的思维方式，提高实践能力，以适应职业岗位的要求。

（一）拓展自己的知识视野，完善知识结构

（1）合理的知识结构是担任现代社会职业岗位的必要条件和人才成长的基础。广博的知识视野是人才适应社会岗位、应变环境的文化基础。现代社会的职业岗位，所需要的不仅仅是知识结构合理，还要求适时拓展自己的知识视野，达到终身教育、终身学习的境界。只有这样，毕业生才能根据当今社会发展和职业的具体要求，发展自

己、完善自己，拓展所学到的知识，有所创造，适应新情况，解决新问题。择业者知识结构的合理与拓展源于在校期间是否打下了宽厚、扎实、系统、严谨的知识基础及专业技能功底。大学教育的根本，就是要扩大学生的知识面，这样学生才会有“后劲”。随着社会行业、职业结构调整速度的加快，大学生无论是选择职业还是工作性质的变动，都离不开宽厚扎实的基础知识的储备。

（2）掌握一技之长，等于获取了竞争特殊专业岗位的入场券。一般情况下，大学生毕业后将要从事专业方面的工作。因此，专业知识是大学生知识结构的核心部分，也是受过高等教育的人才知识结构的特色所在。经验表明，那些具有特殊技能准备的毕业生，往往根据社会对人才评价的资格化倾向要求，不断充实和完善自己，使自己的资质也逐步融于社会化、客观化、公平化、国际化评价标准之中。如不少毕业生在校期间就开始参加相关资格考试，如此一来既可作为择业的专业资格凭证，又为今后从事专业工作，评聘技术职务奠定了基础。目前，一技之长的资格证书已经日渐被广大专业技术人员和用人单位接受。

（3）掌握现代管理和人文社会知识，为适应社会岗位的全方位要求奠定基础。现代化的社会，要求大学生具有一定的社会知识、经济管理知识和人文知识。目前不少大学生普遍存在知识面太窄的问题。因此，大学生应利用专业学习的空余时间，多读一些社会科学、管理科学方面的书籍，拓宽知识面，开阔视野，从而提高竞争力。

（4）适时吸纳、储备大容量的新信息、新知识，为拓展就业空间创造条件。现代科学技术发展迅猛，如果只掌握本专业现阶段的知识，很难适应社会发展的需要。大学生要利用在校学习的宝贵时间，充实自己，在知识的宽度和深度上下功夫延展，关注科技发展前沿信息，关注最新行业发展动态，涉猎现代科学书籍，使自己具有专业眼光，具有前瞻性和先进性思维方法。这样就能跟踪国际科技发展的步伐，为自己的择业拓展广阔的空间。

（二）锻炼培养择业需要的实践能力

知识的积累并不等同于能力的积累。要将知识升华为能力，毕业生必须做出巨大的努力。大学生在完成学习任务的前提下，应争取更多地培养一些适应社会需要的实际应用能力。

1. 大学生应具备的基本能力

（1）适应能力。适应能力就是根据客观情况的变化，能适时调节择业行为的能力。现代社会是复杂多变的，要适应这种状况，保证自己从学校到社会的顺利过渡，大学生就应该提高自己的社会适应能力。学校教育是基础教育、通才教育，走上工作岗位以后，有些知识用不上，有些知识不够用，有的要从头学起。这就要求刚走上社会的毕业生，根据工作的需要去调整自己的知识结构、能力结构及行为方式，尽快地培养适应社会的应变能力。

（2）人际交往能力。人际交往能力是指择业者以社会认可的方式，妥善处理人与人之间的关系，并与他人和谐共处、共同发展的能力表现。在生活工作中我们需要与许多人交往，要交往就难免会产生矛盾。作为大学生，只有具备一定的人际交往能力，善于处理各种人际关系，才能在工作中充分施展自己的才能。在人际交往中，我们要善待他人，“将心换心，以诚相待”；要学会尊重他人，多为他人设身处地地着想，这样才能得到他人的尊重；要学会既能干大事，又能做小事的本领，不能妄自尊大；学会处理具体问题，既坚持原则，又不失灵活。

（3）表达能力。表达能力是指以语言或其他方式展示自己思想感情的能力。它是交流思想、交流感情的基础性素质，故又称为语言文字沟通能力。表达能力主要包括口头表达能力和书面表达能力。口头表达能力要求语言的流畅性、灵活性和艺术性；书面表达能力要求文句的逻辑性、艺术性和条理性。对于一名大学毕业生来说，表达能力在将来的工作岗位上是极为重要的。有的大学生在工作岗位上，动手写东西很费劲，拿起笔来不知从何入手，写出来的东西文字不顺，逻辑不通；有的连通知、申请都写得不像样；有的会设计，但写不好说明；有的外语不错，中文却不行；有的外语水平根本不能适应经济全球化的发展要求等等。因此，大学生在校期间要努力加强锻炼，不断提高表达能力。

（4）开拓创新能力。开拓创新能力是指用已经积累的知识，通过不断地探索研究，在头脑中独立地创造出新的思维，提出新的见解和做出新选择的能力。它包括发现问题、提出问题、发现规律的能力，创造性地分析问题和解决问题的能力，发明新技术、创造新产品的能力，提出新思想的能力等。它是由观察敏锐性、记忆保持性、思维灵活性、独立思考能力、创造性思维、创造性想象和创新意识等基本要素构成的。大学生在学校期间应不断增强开拓创新意识，加强开拓创新能力的锻炼。

（5）动手能力。把创造性思维变成实际的物质成果，或是用生动形象的实践过程呈现创造性思维的转化能力即动手能力，也称实验操作能力。这种能力对于大学生，尤其是工科大学生来说尤为重要。所以，大学生在学校不仅要积累知识，还要通过参加科研活动，利用生产实习和勤工助学等机会，着力培养和提高实际动手能力。

（6）组织管理能力。组织管理能力包括计划能力、组织实践能力、决断能力、指导能力和平衡能力。在目前的毕业生就业市场上，具有一定的交往能力和组织工作能力的大学生越来越受到用人单位的欢迎。许多单位挑选大学生时在注重学业成绩的同时，对是否担任过学生干部、做过社会工作很感兴趣。因此，大学生在校期间应积极参加社会活动和社会工作，不断增强自己的组织工作能力，以利于今后的发展。

2. 大学生应重视实践能力的培养与锻炼

实践能力的培养要从进入大学校门时做起。参加社会实践，如助工、助研、助管、助学活动和各种实践环节都是有益的能力训练机会。它不仅是对学生智力和能力的一次检验和训练，还是培养和锻炼自学能力、综合运用能力、实际动手能力、创造思维能力、独立开展工作能力的系统训练。通过这种训练，大学生可以对未来的工作环境、工作性质、工作要求及自己所学专业应用范围有全面的了解，发现自己的长处与不足，明确自己未来工作学习的努力方向，培养和提高自己分析问题和解决问题的能力。

3. 积极参与社会公认的能力训练与实践

参加各种资格考试仅仅是一种能力训练。各种各样的证书及反映自己能力的材料被大学生形象地称为“护照”。据某省人才交流中心统计，在有记录的求职大学生当中，有40%的人拥有两门以上专业证书，有36%的人拥有社会事务兼职证书，有80%的人拥有“优秀学生干部”“模范团员”和“优秀党员”证书，没有表明个人能力材料和证书的学生几乎没有。因此，在校大学生的能力训练实践尤为重要。

三、身体与心理素质

某高校一名优秀毕业生以优异成绩通过国家机关公务员考试后，又经面试合格被通知体检。该毕业生因体检结果查出患有乙型肝炎而未被录取，错过了极好的就业机会。还有一名学生学习成绩不错，所学专业也是目前社会上急需的，但他在双向选择招聘会上与用人单位洽谈时，由于缺乏自信心和勇气，表现出战战兢兢的样子，这使用人单位感觉该学生缺乏竞争意识，自卑心理太重，结果最终该生被许多用人单位婉言谢绝。

通过上述案例，我们可以看出大学生要想在求职竞争中取胜，除了做好思想素质、知识技能等方面的准备外，还应具有良好的身心素质。

身体素质是人的素质的基础和载体，其重要性人人皆知。然而，由于大学生是一个由青年人组成的精力充沛、生命旺盛的群体，多数人没有经过大的病痛折磨，健康状况不成问题，故身体素质问题往往被忽视。在大学期间大学生要注重身体锻炼，要注意养成良好的生活卫生习惯。在就业市场上，学生的身体状况已成为用人单位考察求职者的基本条件。

良好的心理素质是建立在人的健康体魄之上的特定行为倾向特征。心理素质对大学生的就业与成才有着重大影响。因此，毕业生在择业过程中需要做出如下心理调整：

（一）以发展的观点，审视自己，评价自己，调整好就业心态

每个择业者都有自己的优点和缺点，这就是人们常讲的“尺有所短，寸有所长”。对此，每个毕业生对自身能力都应有客观和正确的认识，明白自己能干什么、不能干什么，这就是所谓的“知人者智，自知者明”。要具备良好的择业心态，需要避免下列问题的发生。

1. 择业目标不恰当

择业者的择业目标和本人具备的实力相当或接近，有利于增强其自信心，从而使自己在择业中处于优势地位。目标的适当，取决于知己知彼。择业目标扬长避短是成功择业的钥匙。这就要求毕业生避免择业定位的理想主义色彩，适当降低择业期望值，确保顺利就业。这种方法强调适时放弃刻意追求的不现实的定位，不错过其他较好的择业机会，对某些“脚踩几只船，这山望着那山高”，不能及时调整择业期望值者尤为适用。

2. 攀比心理

择业者处在择业洪流中，期望水平会受到其他择业者期望水平的影响。虚荣心、侥幸心理会使其改变原有的自我期望而采取不切合实际的攀比行为。学成从业、服务社会、实现自身价值，是每一个大学毕业生的美好愿望。但是有些毕业生在择业过程

中不是从自身的特点、自身的能力和社会需要出发，而是盲目攀比，好像找不到一个比别人更好的单位就不能实现自身价值。到头来，只求得一时的心理平衡，却不利于其自身价值的实现和长远发展。

3. 依赖心理

有些毕业生在择业过程中缺乏自信，把希望寄托在拉关系、走后门之上，有的甚至由家长出面与用人单位洽谈。殊不知，这样做的结果恰恰让用人单位对其产生缺乏独立生活能力及工作能力差的不良印象。当今社会，挑战与机遇并存，只有在择业之初，树立自信心，敢于竞争，才能在众多的求职者中脱颖而出。然而，依赖社会外力，特别是依赖不确定因素，甚至于社会不良风气择业，往往会增加择业者的心理压力。相信自己、发展自己、锻炼自己，是克服依赖和表达自我的心理学基础。

(二) 解放思想，转变观念，勇敢地面对社会的选择

1. 改变“一次就业定终身”的职业观念

随着社会对人才要求的更新和提高，人才资源总是在不断地交换和流动中得到优化配置、有效利用的。科学技术的突飞猛进和知识的快速更替，用人制度的改革和人才市场的不断建立和完善，必将使失业和就业成为大学毕业生一生中经常遇到的事情。因此，每个大学生都要有多次就业的思想准备，要抱定豁达乐观的择业态度，树立多次择业的观念，而不要因为第一次择业不够理想就丧失了信心。

2. 树立发展的就业、职业观念

大学毕业生要树立“先就业，后择业，再创业”的思想，树立逐步到位的观念，勤奋务实，努力上进，专心致志，勇于创新，正确处理人际关系，正确对待事业挫折，在曲折的工作经历和多次的工作更替中，实现自己的人生抱负。

3. 树立淡化就业单位身份、属性的观念

要改变以单位所属、性质、效益定优劣的观念。随着市场经济的不断发展，企业“身份”日渐淡化，特别是我国加入 WTO 后，国外公司大量涌入，企业性质、所属对大学生就业的影响进一步缩小。据北京某大学就业调查分析，目前大学生择业标准发生变化，已经由以往注重单位地区效益向注重单位对个人今后发展方面转化。换言之，大学生越来越注重就业单位是否对自己今后发展有利，发展的空间有多大。

（三）完善自我，不断克服择业中的心理障碍

择业是大学生人生中一次重大选择。因此，它给大学生带来很大思想、心理压力，使很多人背上沉重的精神负担，也使部分学生产生这样或那样的心理障碍。

1. 焦虑心理

许多大学生在毕业前夕，都会产生各种焦虑心理。担心自己的理想能否实现，能否找到适合发挥特长、利于自己成长的单位和工作环境；害怕被用人单位拒之门外；担心自己的选择是否正确等。特别是一些长线专业，性格内向或有生理缺陷、成绩不佳、能力一般而又不善“包装”自己、临近毕业就业单位仍无着落的大学生，表现得更为焦虑。

大学生择业中焦虑心理的一种特殊表现就是急躁。尤其在职业未最终确定之前，这种心理就表现得尤为明显。他们有时恨时间过得太慢，简直是度日如年；有时又恨时间过得太快，最后期限将至，单位仍无着落。他们埋怨用人单位优柔寡断，怨父母亲朋办事不力，希望能一帆风顺，一蹴而就，一旦遇到挫折后便暴跳如雷，怨声载道，特别是那些在规定期限内未落实单位的学生，心理更为急躁。这种急躁心理，往往使他们缺乏自我控制能力，心理紧张，烦躁不安，无所适从，有时会导致事倍功半甚至事与愿违等不良后果。

2. 虚幻型企盼心理

虚幻型企盼心理更多表现为幻想心理，是由心理冲突或害怕挫折引起的。这也是有些大学生在择业中渴望竞争，希望能找到理想的单位和职业，但由于害怕面对屡受挫折后严酷的竞争结果而采取的一种逃避态度。他们往往幻想不参与竞争，就能如愿以偿地找到理想的工作单位。更有甚者，陷入自我欣赏、自我陶醉的深渊，幻想用人单位能主动找上门来，哪个单位录用自己是其荣幸等。有这种心理的大学生，很容易脱离现实，不思进取，使自己的择业目标与现实产生很大的反差，很难找到理想职业，也很难如愿以偿。

3. 自卑抱怨心理

大学生在择业前，往往踌躇满志，跃跃欲试，很想一显身手，大展宏图，而一旦受到挫折后，容易产生自卑心理，自信心大大减弱，自尊心受损伤，对自己全盘否定，

感到一种空前的失败和愧疚。在择业中，他们往往缺乏自信心和勇气，不敢面对竞争，这在性格内向或有生理缺陷的学生身上表现较为明显。自卑不仅使其悲观失望，不思进取，错失良机，还会阻碍自身才能的正常发挥。

4. 怯懦胆怯心理

怯懦胆怯心理在毕业生面试中表现尤为明显。面试前，一些人如临大敌、紧张不安、手忙脚乱，大有“丑媳妇见公婆”之态。面试中，面红耳赤，语无伦次，支支吾吾，答非所问，手足无措，辛辛苦苦准备的“台词”一急之下都抛到九霄云外，忘得一干二净；有的谨小慎微，生怕说错一句话或因一个问题答不好，影响自己的第一印象，以致畏手畏脚，影响了正常水平的发挥。为克服上述弱点，毕业生必须在平时积极参加学生班集体和社团活动，培养自己的应变能力和语言表达能力。

(四) 大学生应具备的择业心态

为了做好就业的心理准备，保证求职择业的顺利进行，在积极进行心理调适，排除种种心理障碍的同时，大学生还应进行心理锻炼，努力提高自身素质，树立正确的择业心态。

1. 正视现实心态

正视现实是大学生保持健康择业心态的重要标志。正视现实，就是要正确认识现实社会存在的地区差异、供需矛盾及就业现实与自身期望之间的差距，从实际出发，处理好现实与理想之间的关系。脱离现实、好高骛远、凭空臆想的心态是不可取的。

2. 正视自身心态

常言道：“知人为聪，知己为明；知人不易，知己更难。”正视自身，首先要对自身的现状有充分的认识，即自己的主要特长、学习成绩、各种能力、性格特点等。其次，要根据自身特点和社会要求对自己的未来发展方向做出清醒的判断。

第二节 就业者自我评价

择业者的自我评价，是自我认知的过程。就大学生择业而言，自我评价是大学生择业意识从“我想干什么”的幻想型转变到“我能干什么”的现实型上来的过程，也就是实现择业者知行统一的过程。因而，自我评价仍需处理好主、客观的统一问题。

一、自我评价的内容

不同的择业者有不同的职业适应范围，不同的职业对人有不同的要求，两方面的最佳结合就是择业者的个人特征与职业对人的要求相匹配。因此，弄清个人特征是科学地选择职业的基本条件。就大学生择业而言，职业体力倾向、职业能力倾向和职业个性倾向是自我评价的主要内容。

（一）职业体力倾向

择业者的职业体力倾向是通过对择业者的身体素质的评价、分析，判断出其所适应的职业倾向，一般包括力气、身体动作的敏捷性和平衡性、整体协调控制等。

（二）职业能力倾向

择业者的职业能力是直接影响其顺利完成活动的个性心理特征。具体来说，能力是顺利完成其活动的主观条件，是主观条件的一种心理特征。它总是和某种活动相联系并直接影响人的活动效率，在具体活动中表现出来。

择业者在职业规划中的能力分为一般能力和特殊能力。一般能力是顺利完成各种活动所必备的基本能力，如注意力、观察力、记忆力、想象力、思维能力等。特殊能力是顺利完成某种特殊活动所必备的能力，它与职业活动相联系。职业能力既与一般能力有关，更与特殊能力密不可分。人们从事的某种职业活动都是具体的，因此，人的职业能力倾向主要就是人的特殊能力。它是表示从业人员为胜任某一职业要求而必备的能力。

（三）职业个性倾向

职业个性倾向主要是指个人的职业兴趣与性格。职业兴趣是劳动者对某种类型的工作或活动由于关切或被吸引进而能够专心致志的倾向。职业性格是指劳动者个人比较稳定的职业兴趣评价，是检验择业者对哪种或哪类职业有兴趣。但是，对于择业的大学生来说，他们并不一定了解职业的详细情况，朦胧地表达职业兴趣可能会事与愿违。因此，职业兴趣评价必须根据人的职业兴趣特点和职业性质，对职业进行适当的分类，然后做出分析和判断。

职业性格评价是根据择业者的性格特点来选择其所适应的职业类型。性格是一个人在个体生活过程中所形成的，对现实较为稳固的态度及相应的行为方式。职业心理学研究表明，性格影响着一个人对职业的适应性，一定的性格适合于从事一定的职业，同时不同的职业对人有不同的要求。因此，大学生在选择职业时，不仅要考虑自己的职业兴趣与职业能力，还要考虑自己的职业性格特点，考虑职业对人的要求，从而根据自己的性格特点选择最易于适应的职业，或者改变自己的性格特点来适应职业的要求。

二、自我评价的原则

自我评价是建立在自我观察与自我分析基础上的对自我身心素质的全面评估。择业者在自我评价时应把握如下原则：

（一）适度性

不适当的自我评价指不是过高的评价就是过低的评价。过高的评价往往使自己脱离现实，意识不到自己的条件限制，甚至自傲狂妄，由自信走向自负。过低的自我评价，往往忽视自我的长处，缺乏自信，过于自卑。过高或过低的自我评价，对自己都是不公正的。

（二）全面性

在对自己进行评价时，择业者既要看到优点和长处的一面，又要看到缺点和短处的一面；既要对某一方面的特殊素质进行具体评价，又要对其他各个方面的整体素质进行综合评价；既要考虑到全面的整体因素，又要考虑到其中占主导地位的重点因素。反之，任何一种片面的、孤立的、不分主次的自我评价，显然都不可能全面而正确地反映自己的整体素质状况。

（三）客观性

虽然是自己对自己进行观察、分析和评价，但也应该以客观事实为依据，才有可能使自我评价趋于客观、真实。

（四）发展性

大学生在进行职业规划的自我评价时，不但应当对自己的现实素质做出适当、全面、客观的评价，而且应当着眼于未来的发展变化，预见性地估计自己将来的发展潜力和前景。

三、个性特点与职业选择

（一）职业能力与职业选择

职业能力决定职业选择，职业选择验证职业能力。我国近代职业教育的倡导者黄炎培先生说：“一个人的职业和才能相当不相当，相差很大。用经济眼光看起来，要是相当，不晓得增加多少效能；要是不相当，不晓得埋没了多少人才。就个人论起来，相当，不晓得有多少快乐；不相当，不晓得有多少怨苦。”个人只有选准了与自己能力倾向相匹配的职业才能如鱼得水，否则，就会影响职业活动效率，甚至使职业活动无法正常进行。大学毕业生在择业时，必须认清自己的能力特性，并根据自己的职业能力和专业优势来考虑选择什么职业。

（二）兴趣与职业选择

择业者的兴趣是择业者力求认识、掌握某一职业，并经常参与该种活动的心理倾向。择业者对某种职业感兴趣，就会对其表现出肯定的态度，并积极思考、探索和追求。因此，职业兴趣是人们选择职业的重要心理因素。

择业者的职业兴趣在择业活动中具有积极作用。择业者的职业兴趣是一种带有情绪色彩的认识倾向，在择业活动中影响人们的职业定向和职业选择，开发人的能力，激发人们的探索和创造力，并增强人的职业适应性。有关资料表明，如果一个人对某一工作有兴趣，就能发挥他全部才能的80%至90%，并且能较长时间保持高效率而不感到疲劳。而对工作缺乏兴趣的人，只能发挥其全部才能的20%至30%，也容易疲劳、厌倦。兴趣还是成功的起点，古今中外的著名科学家、文学家、艺术家，往往是在强烈的兴趣推动下经过探索、追求而取得成功的。例如：英国著名女人类学家古道尔，从小就喜欢生物，并逐步对黑猩猩产生了强烈的兴趣。于是她不畏艰难，只身深入热带森林，与黑猩猩一起“生活”了十多年，掌握了极其宝贵的第一手资料，为揭开黑猩猩的秘密做出了贡献。达尔文、爱因斯坦、李四光、陈景润等著名科学家获得巨大成就的最初推动力也源于兴趣。演艺界的黄宗江、黄宗英、黄宗洛三兄妹，因从小就对戏剧电影产生了浓厚兴趣，目前都成了我国有名的艺术家。可以说，谁找到了自己最感兴趣的职业，谁就有可能踏上成功的道路。但是，一个人在选择职业时，应把个人的兴趣爱好与社会的需要结合起来，即以社会需要为前提去发展自己的兴趣和爱好。实践表明，兴趣是可以培养的。有“中国美猴王”之称的六小龄童，小时候却很怕猴，见到猴子吓得直跑，更谈不上兴趣，但在他父亲六龄童的影响下，六小龄童由怕猴慢慢到爱猴，最后把中国的猴戏演绎到炉火纯青的地步，成了中国家喻户晓的“一代猴王”。

在培养兴趣时，我们一要注意广度，兴趣要广泛；二要有中心兴趣，不能浮泛；三要有稳定的职业兴趣，不能“这山望着那山高”，朝更暮改。在具备实现个人兴趣志向的可能时，择业者就要好地好把握住其中心兴趣，并据此做出科学的选择。

（三）气质与职业选择

气质，是一个心理学名词，是指人们心理活动的速度、强度、稳定性和灵活性等方面的心理特征。具有某种气质特征的人，常常在不同内容的活动中，表现出同样方式的心理活动特点。因此，求职者在求职择业时正确认识自己的气质类型是十分重要的。

择业者的职业气质类型与职业选择关系密切。不同的职业对人的气质要求不同。根据国外职业分类规范和国内心理学界的研究成果，职业气质可以分为12种类型，即变化型、重复型、服从型、独立型、协作型、孤独型、劝服型、机智型、经验决策型、事实决策型、自我表现型和严谨型。虽然其中不乏许多借鉴之处，但是，若刻板地将自己划归为某一种气质类型并寻找与其适合的职业，必将陷入“刻舟求剑”的僵化思路中。

（四）性格与职业选择

性格，是个人对现实的稳定态度和与之相适应的习惯化了的行为方式中表现出来的个性心理特征。人的性格是千差万别的。有的人诚实、正直、谦逊；有的人活泼、好动、善交际；有的人深沉、内向、多思；有的人悲观、厌世、孤僻等等。由于性格不同，个人对社会职业的态度也就不同。

性格和职业的关系是一种彼此制约又互相促进的关系。选择职业要考虑自己的职业性格特点，尽量选择适合自己性格特点的工作。因为性格是后天形成的，是发展的、变化的、不断完善的，所以不能以某一种工作不适应某一从业者性格品质为由而刻板化择业。试想，某一职业的从业者如果均为某一性格特征，则很有可能造成该职业群体内部的心理不平衡，从而造成心理互补性极差的尴尬局面，而且在该职业群体中易于流行某一职业性的心理疾病。

第三节　大学生的择业特点

在当前大学生就业市场上，毕业生的择业意识、择业观念、择业标准、择业渠道、择业方法及在择业中所呈现出的矛盾等都发生了明显的变化，具体表现有如下特点：

一、择业意识增强

大学生的择业意识随着毕业生就业制度改革的深入和就业市场化的发展，越来越强烈。

（一）从等待分配变成主动出击

双向选择的就业制度目前被社会广大毕业生所接受，毕业生自主择业意识、竞争意识不断增强。面对当前严峻的就业形势和就业压力，他们摆脱被动依靠、消极等待的思想，树立竞争择业的观念，并主动出击，提早准备，勇敢地走向就业市场，积极主动地参与就业竞争。通过竞争，毕业生寻求理想的职业，实现个人的职业目标。有的则主动学习求职知识和技巧，灵活应用；有的从低年级开始就关注就业市场的变化，并将学习、实习、社会实践与就业紧密结合起来。

（二）由注重择业结果变成注重择业基础

过去许多大学生只是一味地追求如何去求职，如何找到理想的就业单位，即注重择业的结果，而忽视平时的就业准备，即择业的基础。如今，不少大学生意识到学业是择业的基础和前提，要想在就业竞争中获胜，就必须努力提高竞争的实力。因此，他们发奋学习，全面提高自身综合素质，注重各种能力的培养和提高。如今，大学校园中的学习风气浓厚，学生们的学习自觉性日渐提高，这些都是为适应市场需要所做出的积极努力。

二、择业观念时尚

随着大学生就业的进一步市场化以及竞争的日益加剧，大学生的择业观念发生了很大的变化，并且日渐时尚。

（一）“先就业，后择业，再创业”的观念

面对当前的就业形势，许多大学生改变了一步到位的思想，树立“先就业，后择业，再创业”的新观念，走一条面对现实、降低起点、先融入社会、再寻求发展的道路。他们在毕业时，只要有条件基本认可的用人单位接纳，就先工作，实现就业，走进社会。工作一段时间后，认为不合适，他们再重新选择职业。有了一段就业和择业经历，各方面的经验和能力得到提高，大学生具备了自信心和实力，待时机和条件到来时，即可大显身手，走艰苦创业之路，去追逐自己理想的事业。

（二）到非国有单位就业的观念

过去，部分毕业生片面地认为，只有到国家机关、事业单位、国有企业才算就业，而对到非国有单位就业则认为不稳定、不可靠、不保险，因而不愿去这些单位就业。即使暂时去了，也不作长期打算。如今，广大毕业生已摒弃了这种狭隘的就业观念，树立了新的就业观。即只要能发挥个人的能力和才干，又能服务于社会，有相对稳定的收入，不管是国有单位还是非国有单位，甚至从事个体，都是就业。这是一种弹性而广泛的就业观。也就是说，大学生已淡化公有、私有的观念，树立起全方位、多渠道的就业意识。

（三）淡化专业对口的观念

随着人才培养的宽口径和社会对大学生综合素质及能力要求的不断提高，如今，愈来愈多的毕业生在求职择业时，已淡化了专业对口的观念，转变为在学以致用的原则下，发挥素质优势，在更加宽泛的就业范围和领域内，寻求理想的职业。

（四）自主创业的观念

一些大学生在毕业时，不是向社会寻求工作，而是用自己所学的知识自主创业。例如，有的人自己或与他人合作创办公司，发挥自己的专业优势和素质优势；有的则另起炉灶，从小事做起，逐步发展。这不仅解决了自己的就业问题，也为他人创造了就业机会。

（五）正确对待待业的观念

随着毕业生中待业人数的增多，大学生对待业也有了正确的认识。很多人越来越意识到，待业不但是一种很正常的社会现象，而且暂时的待业不等于永久性失业。部分大学生经过短时期待业后，可能会很快找到就业岗位。因此，他们在积极争取即时就业的同时，也要有暂时待业或失业的思想准备和心理承受能力。

（六）适时流动的观念

在传统统招统分的就业制度下，由于个人很少有择业选择的机会，因而“一次就业定终身”成了大学生普遍的就业心理。而在当今双向选择的市场化就业氛围下，职业流动不但得到大学生们的认同和支持，而且现代社会的发展也正在加快社会职业的流动。这些变化打破了“从一而终”的就业观念，代之以职业流动和适时流动等观念的确立。正因为如此，许多毕业生在工作岗位上能够充分发挥其专长，大显身手。

（七）终生学习的观念

现代职业变化的日新月异，以及职业对从业者要求的不断提高，使许多大学生意识到，要想不被职业淘汰，就必须树立终身学习的观念，不断学习新知识，努力适应社会发展的需要。同时，大学生已经意识到，大学教育固然重要，但它仅仅是终生教育的一个阶段，大学毕业以后的延伸教育和重新学习，对于选择和重新选择职业岗位，取得职业成就，具有非常重要的作用。

三、择业标准务实

许多毕业生在择业时，选择标准更加务实，其考虑的主要因素可归纳为如下内容：

（1）首先注重能否发挥个人的才能和施展特长。这与他们择业动机中突出自我发展、追求长远的人生发展目标相一致。

（2）越来越重视经济利益，即重视单位的经济效益、工资水平和福利待遇。

（3）挑选单位的地域位置。多数毕业生向往大中城市，尤其是东南沿海中心城市。他们认为这些地区经济发展水平高，生活环境和发展前景较好，施展个人才能的机会也多。

（4）注重单位的发展前景。

（5）力求有一定的社会地位。大学生择业时虽然很重视经济利益，但并未把其作为唯一因素。求得有一定社会地位的职业，仍然是许多大学生的理想。许多毕业生不仅注重单位的地域位置、经济效益、福利待遇，也注重单位的发展前景及工作环境、企业文化和用人机制。

四、择业渠道多元化

在毕业生日益适应供需见面、双向选择的就业制度，就业观念不断更新的新形势下，毕业生的择业渠道形成了多元化的趋势。他们不仅通过学校就业部门获得就业信息，参加本校组织的各种招聘会，还充分利用外校、外地及社会上的人才交流大会落实就业单位。例如，有些人利用媒体、中介组织获得就业信息；有些人借助于家长、亲朋好友、校友及老师、同学的推荐获取就业信息，签订就业协议；有些人继续复习考研，或出国深造；有些人先参加短期培训，然后再慢慢寻找就业单位；有些人选择自主创业等等。

五、择业方法讲究

在大学生就业市场上，毕业生越来越重视择业技巧，因为择业知识的学习和择业技巧的掌握，对毕业生求职择业具有重要的意义。许多毕业生精心准备自荐材料，力求面试时给招聘单位留下良好的印象；讲究择业道德和文明礼貌；通过多种渠道收集就业信息等。许多毕业生还采取自荐、他荐和同学之间的相互推荐，或请院（系）领导、班指导教师、辅导员、代课教师推荐等方式，这些都收到了良好的效果。

六、择业矛盾突出

总体来讲，当代大学生择业观的主流是好的，但也存在着一些突出的择业矛盾，主要表现为如下几方面：①择业目标居高不下，盲目攀比，与社会需求形成很大反差；②鱼和熊掌两者想兼得；③择业目标不稳定，这山望着那山高，并多向性地进行求职应聘。

上述毕业生择业中的矛盾，一方面对自己的就业不利，使其择业时或左顾右盼，摇摆不定，错失良机；或择业目标脱离实际而使自己要么低就，要么高攀，难以顺利择业。另一方面对用人单位也不利，毕业生择业时的反反复复，随意违约，延误用人单位对人才的选择，也将对学校的声誉造成不良影响。

第四章 高校大学生就业指导的流程

第一节 大学生就业的准备与调整

随着改革的深化和市场经济的大发展，社会为大学生提供了广阔的就业天地，因此，大学生应该做好充分的就业准备工作，才能适应社会的发展和现代化建设的需要。而怎样做好就业的准备工作，是今天每个大学生必须认真思考的问题。

社会中各种各样的职业，都需要人去从事。然而任何一个人并非天生就能从事某种职业或承担某种职务的，每个人都需要或长或短的就业准备期。所谓就业准备，有广义和狭义之分。广义的就业准备既包括未就业者为了能从事某种职业或获得某种职位，在一个相当长的时期内所做的就业准备工作；又包括已就业者为了进一步做好本职工作，或改换职业所进行的准备工作。狭义的就业准备是指未就业者为了能从事某种职业，或获得某种职位，在一定阶段内所做的准备工作。

大学生的就业准备，属于狭义的，主要指大学生进入毕业学年，为就业而做的各种准备，它是大学生就业的基础和前提，因而是非常重要的。一方面就业准备是大学生求职择业的基础。大学生只有进行必要的就业准备，才有可能产生相应的求职择业行为；做好充分的就业准备有助于大学生选择一个理想的、合适的职业，实现就业目标。另一方面就业准备是社会发展的客观需要。随着社会经济的繁荣、科技的进步，社会职业对从业者的身体素质、心理素质、思想素质、科学文化素质等提出了新的要求。这就决定了大学生只有做好充分的就业准备，才能适应社会发展对人才的需要，更好地为社会做贡献。

人在就业准备期需要准备的内容很多，但对大学生这样一个特殊层次的人来说，主要的是知识准备、能力准备和心理准备。

一、知识准备

一切职业都要求从业者具有相应的知识、能力和技能。知识可分为专业知识和一般常识。前者指从事某种专门职业或进行某种特殊活动所必备的知识，后者指人的日常生活或一般活动所需要的普通常识。

知识是大学生就业的基础条件。用人单位招收毕业生的根本目的也是获得知识、获得资源。因此，用人单位都比较重视对应聘者综合能力及所学专业知识的考查。其中，所考查的专业知识往往是最基本的，甚至都是些常识性东西，但是许多学生的考查结果却令人担忧。深圳某公司曾进行过一次测试，参加测试的近400人，其中还有不少研究生，但及格的却只有7个人，而那几道试题都是应试者学过的最基本的知识点。很多同学都后悔没有及时复习以前学过的知识，有的同学甚至说，事先哪怕是看一眼也不会错了。然而，残酷的事实是没有及格的同学失去了进一步面试的机会，无缘加入该公司。那么，毕业生该如何做好知识的准备呢？从长远来看，大学生必须积累系统精深的专业知识，形成全面广博的知识结构，这些都是从日常学习生活中积累起来的。

（一）系统精深的专业知识

随着时代的发展，良好的高等教育背景在择业和创业中的重要性日益上升。据统计资料显示，在大企业家中，接受过高等教育的比例占绝大部分，而且，随着时间的推移，教育程度较低者的比例将逐步下降。专业知识是大学生整个知识结构的核心部分，是每一类人才知识结构的特色所在。面对社会对各类人才的专业知识的考查，大学生必须从以下几个方面做好充分的准备：

第一，从所学专业体系的学科内容上，大学生要对专业知识的概念体系、理论体系、学科历史、研究方法、学科前沿知识以及相邻专业领域知识、本专业国内外的最新动态等方面的内容有比较清楚的了解和认识。

第二，从所学专业体系的结构内容上，大学生应建立合理的专业知识结构。所谓合理的专业知识结构，是指从事某类具体的职业岗位所需专业知识体系的构成情况与结合方式，即专业知识体系的具体组合。由此大学生可直接将专业知识转化为相应职业岗位的工作能力，这种能力就胜任本类岗位而言有着较长的持续性，从而表现出从业者适应某类工作岗位所具备的基础和潜力。比如一部收音机，它所需要的零部件数远不及一座电子元件库的配件数量，但它具有接收播放功能，而电子元件库却没有。这是因为收音机是按照人的需要和科学规律组装而成，已形成一个可完成接收播放功能的系统，而电子元件库只是将电子元件分门别类存放而已，这些元件是单独的、零散的，故它不具有系统的功能。因此，大学生所学的专业知识必须是系统的、合理的组合，才能接受职业岗位的检验，在实际工作中发挥作用。

（二）全面广博的知识结构

大学生除了具备系统精深的专业知识之外，还必须有全面、合理的知识结构，注重知识结构的整体性。一个人要成才，仅有单门学科的知识或虽有多门学科知识，但其组成并不协调，结果是不能如愿的。大学生在学好专业知识的同时，要确立通才意识，更好地适应市场经济发展对人才的要求。

当代大学生应充分认识广博的知识结构对自己今后的就业以及成就事业的重要意义，变被动学习为主动学习，力争在校期间能学到更多的知识，并不断完善自己的知识结构，为今后的工作奠定扎实的基础。关于这一点，大学生除了在哲学、政治、经济、军事和艺术等方面具备必要的知识之外，尤其应注意掌握以下三个方面的知识：

1. 法律知识

市场经济是法制经济，在市场竞争中，健全的法律法规是不可逾越的游戏规则，尤其是在知识、经济全球化的背景下，这种“游戏规则”更加复杂、更加严格。强化法制意识，做到依法办事，这是每个公民所必须具备的基本素质。因此，大学生更应注重法律知识的学习，培养法律观念，掌握基本的法律知识，自觉遵守法律，同时学会运用法律武器来维护自己的正当权益。

2. 管理知识

在人类漫长的历史长河中，所有重大的事件、卓越的发明、宏伟的工程，都必须经过精心的策划和有效的管理。在现代社会中，不管人们从事何种职业，事实上人人都在参与管理，管理国家、管理政府、管理某种组织、管理某个部门、管理某项业务、管理家庭、管理子女以及管理自己的行为等。管理无处不在，无处不有。它既是成功的要素，也是失败的根源。一个人只有懂得管理，才能更好地服从管理；只有学会管理，才能在实践中有效地运用管理。特别是对那些有志于成大器者，丰富的管理知识显得尤为必要。

3. **商业知识**

商业知识有助于培养人们的洞察力和决断力。具备一定的商业知识，可以使人们在面对纷繁复杂的商业信息时，进行清醒的加工、提炼，准确地把握商机，赢得发展的机遇。市场经济中，商品交换是经济生活中一种极为常见的现象。但对于一个大学生来讲，不能把经济生活仅仅看作商品交换，而应从理性的高度去认识经济生活，尤其是那些有志于自主创业的大学生，积累一定的商业知识非常必要。只有懂管理、会经营，具备把握市场的能力，及时调整商业经营战略，才能把技术思想和经营理念有效结合起来，生产出符合社会发展的、人们喜欢的适时产品，并取得创业的成功。

因此，大学生必须有效地利用大学里的宝贵时间，博览群书，以开拓自己的思维、丰富自己的思想、积累自己的知识。多读书不仅包括多读专业课方面的课外读物，它可以帮助大学生加深对专业知识的理解和领悟，并有所创新和突破；还包括社会科学和自然科学各领域的书籍，如科技、文学、自然、哲学、法律、管理等各个门类，当然这方面的书籍可以根据兴趣和爱好来选择，不必把它当作任务或负担。但是我们要记住尽可能地多读书，因为倘若不在这一阶段储备足够的知识，那么大学生未来的人生期望将恐难以如愿。在年龄渐长以后，知识不但会给求职者带来信心，而且在读书上的认真与刻苦还将会成为大学生疲倦时休憩的港湾，遭遇挫折时避难的场所，使其受益终生。大学生利用好眼前的时光，把读书当作一种习惯，尽情地享受读书的乐趣，这是一条非走不可的路，现在多用功一小时，就可以早一小时到达目的地，早日获得成功。

通过对一些用人单位招聘时所涉及问题的分析，我们提供以下几点建议供大家参考：

（1）复习所学专业课的基本知识点。这些都是学习过程中老师反复强调要掌握的，而且当时也已经掌握了，只是时间久了记忆变得模糊了。毕业生只要稍微看一下就可以记起，但在面试过程中却会起到意想不到的效果。

（2）分析和总结各门专业课之间的联系。这往往对回答一些专业方面综合性强的问题有所帮助。对一些题目，主考官不一定非要你做出完全正确的回答，他们往往更看中你的思维方式和解决问题的方法。如果事先对专业知识的结构有一定的了解，那么择业者就能够用一种比较清晰的思路来回答这类问题，也就更容易打动考官，增加成功的可能性。

(3) 了解专业领域的最新动态和技术。许多企业的生产线可以说代表着当今社会比较先进的水平，我们在课本上所学的知识很难做到与生产实际完全衔接。而企业在面试过程中往往会或多或少涉及一些专业比较前沿的东西，应聘者如果能很好地回答此类问题会更容易得到考官的欣赏。做好此项准备工作可能要花费很大的精力，需要翻阅很多相关报刊书籍，但只要注意和收集课堂上老师所介绍的一些新知识、平时注意信息的积累，就可以达到事半功倍的效果。

二、能力准备

知识与能力并重已经成为社会的共识。只有文凭而无实践能力的人，社会对他的认可度非常低。大学生在学习和掌握知识的时候，应该想到如何运用这些知识，提高自己的实践能力。大学学习期间，大学生要坚持理论与实践的统一，除了重视“第一课堂”的学习外，还要积极参加“第二课堂”的实践活动，只有这样，构建的知识结构才是扎实的、平衡的。

通过前面的介绍，我们知道需从哪些方面进行就业知识的准备，那就业的能力又需要从何处着手呢？答案是应该从用人单位对录用毕业生的基本标准入手，即总结用人单位的标准。从劳动人事局对劳动者素质的一份调查中我们可以得出：创新、复合、外向型人才是新时期的宠儿。一般认为，大学生就业前应当具备的基本能力如下：

(一) 掌握现代信息知识的能力

良好信息能力的培养至少包括这样几个方面：一是个体在心理结构上建立一个开放的、全方位的信息接收机制，对过去、现在、未来的信息，纵向与横向信息都加以接纳和捕捉；二是个体从新需求的角度对原有的信息、知识进行叠加、重组，或进一步系统化；三是通过传译和交流来保持信息的新陈代谢，信息不能一成不变的；四是熟练掌握和运用计算机技术。我国的政治、经济、文化各方面的发展和人的发展都离不开信息化，整个社会更加信息化将是必然之势。但我国目前的信息基础薄弱，这就给我国的信息化道路带来挑战和机遇。挑战是不言而喻的，机遇则在于可以少走弯路而“后来居上”，与之相应，年轻人的成功也面临着巨大的机遇和挑战。机遇在于信息化的社会将提供更多的成功机会，在于社会对他们的成功提出了更高的要求，能够培养信息能力是时代为他们提供的最大恩赐，也是时代对他们最严峻的考验。只有那些掌握了丰富的信息知识，在信息观念的支配下、在信息道德允许的范围内自由发挥信息素质（能力）的人，才有可能成为未来社会的栋梁之材。

（二）学习能力

我们处在一个信息化的学习社会。现代教育学理论认为，信息时代下学习的特点为：学习是个体建构的过程，个体在社会文化背景下，在与他人的互动中，主动建构自己的认识与知识。社会学大师韦伯所说的“人类是生活在自己编织的意义网中的动物”，是对这一理论最好的解释。所以，信息社会的学习是一个充分发挥个人主动性和弥补个人思维缺陷的过程。人人都拥有难以预测的多种潜能，人的求知方法也拥有多种多样的风格，表现为不同的广度和深度，我们必须珍视所有求知的方法，并尽可能地借助他人的力量。同时，现代的信息技术为信息化学习型社会的形成创造了条件，我们要变单一的、被动的学习方法为自主的探索和合作型的学习方法；要培养密切关注社会、关注人生、关注科学的人生态度；要增强心理上对正在变化的环境的适应能力；我们在认识事物的时候，要注重通过对前后流程和背景的解读、直觉性理解、创造活动及操作活动来加以掌握，同时要注意克服学习中的机械主义、绝对科学主义和任何的功利主义倾向。

科技发展越来越快，知识经济一方面使知识价值倍增，另一方面也使知识贬值加快。企业的生存与发展，在相当大的程度上取决于能否对知识进行快速更新。这就需要企业和人才有很强的学习意识，随时接受新的信息，跟上科技更新和市场变化，要适时而变，决不能因循守旧。这样的人才会给企业带来持久的生命力和旺盛的活力，从而在激烈的竞争中取胜。

（三）创新能力

创新是指思想的产生、演化、交流并应用于产品或服务中，以促使企业获得成功，其核心是科学技术的创新。创新是知识经济发展的基础。广义来说，创新还是一种对新思想、变化、风险乃至失败都抱积极态度的企业行为方式。正是由于这种创新，美国企业才能多年来在高科技领域保持领先。具有创新意识，思维开阔的人才将在企业的知识创新机制中大展才能，为企业带来难以预料的生机和活力，因此最受青睐。创新能力是在多种能力发展的基础上，利用已知信息，创造新颖独特的具有社会价值的新理论、新思维、新产品的能力。它是一种综合性的、高层次的思维能力和行动能力。从社会角度来讲，经济的发展、科技的进步离不开发明创造。对个人来说，成功、成才依赖于发明创造。用人单位更需要具有发明创造能力的大学生。创新能力包含多方面的内容，如强烈的好奇心、细微的观察力、大胆设想、勇于探索的精神以及提出问题、研究问题、解决问题的能力等等。大学生要自觉培养这些能力，为走上工作岗位后创造性地工作打下扎实的基础。在21世纪知识经济时代中，创新具有举足轻重的地位，它不仅是知识经济时代经济发展、财富增长的源泉，也是知识经济社会全面发展、文明进步的重要推进器。创新不仅具有重要的经济价值和功能，还对社会发展与进步具有重大的意义。基于此，21世纪的求职者必须是具有创新精神和创新能力的高素质人才。而健康的人生价值取向与崇高的献身精神是21世纪成功青年的基础，是培养盛世青年非常重要的一种思想品质。

尽管创新是一种经济行为，但是创新并非一定会有经济收益，因此，如果青年人没有敢于牺牲个人利益、敢于放弃舒适安逸生活的人生态度，就不可能进行创新。敢于创新、善于创新、自觉提高创新能力并规范创新行为，不仅是一种高度社会责任感的体现，也是一种崇高献身精神的体现，即把自己所有的聪明才智、无限的创造潜能奉献于社会的全面发展，奉献于民族的振兴，奉献于人类的文明进步。

（四）团队协作能力

沟通协调能力与团队协作能力越来越为用人单位所看重，大学毕业生在求职的过程当中应该做到有的放矢，针对用人单位的需求，展现自己在这些方面的经历和特长。从调查反馈的信息来看，平时在学校参加社团、组织策划过某些项目的大学生最受用人单位的欢迎。进入单位后，一个与领导、同事们团结工作，乐于与人沟通协调的大学毕业生容易获得更多的机会。“团队合作是非常重要的。”北京拜耳（Bayer）光塑板材有限责任公司人力资源部经理吴白莉举了一个招聘过程中的事例就很能说明这一点。她说：“有一年，我们公司的上海办事处要招聘一名销售助理（相当于秘书），在前来竞聘的200多人中，挑来挑去，好中选优，最后剩下了5个女孩参加面试。5个女孩在面试开始前，相互致意表示准备友善地公平竞争，这个场面让我很感动，因为我们都知道，每个人只有20%的希望。为了缓解紧张的气氛，我说，你们想喝点什么，请随便点。有3个女孩说要咖啡。当销售代表拿来第一杯咖啡时，其中一个女孩说：‘哎呀！这个放糖放奶，我喝咖啡不加糖不加奶。’第二个女孩说：‘我喝加奶但是不加糖的咖啡。’第三个女孩说：‘那给我吧，我无所谓，怎么样都行。’这时候正式的面试还没有开始，但是我们已经在面试评价表上划去了前两个女孩的名字了。在我们这样的公司里，团队合作是非常重要的。秘书实际上是一个很基层的位置。这个职位决定了求职者必须有很强的忍耐能力和协调能力。这几个女孩的专业能力都不错，她们不仅电脑、英文很好，还熟知国家相关政策，她们的知识面是令人满意的。但是，拒绝第一杯咖啡的那两个女孩，让我们无法相信对这种小事都这么挑剔的她们又怎么能够与办事处的其他员工和谐相处、共同工作呢？”

（五）表达能力

表达能力是指运用语言阐明自己的观点、意见或抒发思想的能力。它包括口头表达能力、文字表达能力、数字表达能力、图示表达能力等几种形式。对大学毕业生来说，表达能力的重要性是不言而喻的。比如求职自荐信的撰写，个人材料的准备，回答招聘人员的问题，接受用人单位的面试等等，每个环节都需要较强的表达能力。而培养表达能力的关键在于提高表达的准确性、鲜明性和生动性。准确，是对人们表达能力最基本、最首要的要求；而表达又需要有人来接受，只有鲜明的、生动的表达，才能更好地排除人们接受信息时的各种障碍。因此，大学生在培养表达能力时要尽可能向准确、鲜明、生动的方向努力。

（六）适应能力

适应社会和改造社会是对立统一的两个方面。五彩缤纷的现实生活使刚刚步入社会的大学毕业生眼花缭乱，很不适应。人类文明总是在继承与创新的矛盾运动中发展起来的。适应社会，正是为了担当社会赋予我们的职责和使命。适者生存，生存就是为了发展。大学毕业生只有培养自己适应社会的能力，走向社会才能尽量缩短自己的适应期，充分发挥自己的聪明才智。一个人适应社会的能力是其素质、能力的综合反映，适应社会能力的强弱与他的思想品德、知识技能、活动能力、创新能力、处理人际关系的能力以及健康等密切相关。当然，对社会、环境的适应，是主动、积极的适应，不是消极的等待和向困难的屈服，更不是对落后、消极现象的认同，甚至同流合污。适应要同发展结合起来，要同改造联系起来。

（七）动手能力

动手能力其实也就是实际操作的能力，它是人的智力转化为物资力量的凭借，是专业工作者必须具备的一种实践能力。在现实生活中，尤其是在教学、科研等方面的生产第一线，大学毕业生实际操作能力的强弱，将直接影响到其作用的发挥。比如，作为一名科技人员，只懂得技术原理却没有操作能力，在很多情况下是不能完成技术任务的；作为一名教师，只有丰富的知识也是不够的，还要有把自己的知识传授给学生的能力等等。所以，大学生必须重视动手能力的培养，注意纠正只注重理论学习、轻视实践操作的倾向。

（八）交际能力

交际能力是人际交往的能力，实际上就是与他人相处的能力。社会上的人际关系远不如学校中的同学、师生关系那么简单。大学毕业生步入社会后，要与各种各样的人发生各种复杂的关系。能否正确、有效地处理、协调好职业生活中人与人的各种关系，不仅影响一个人对环境的适应情况，还影响他的工作效能、心理健康、生活的愉快和事业的成败。大学毕业生在刚走上工作岗位时，由于初谙世事，阅历较浅，缺少经验，往往感叹“工作好搞，关系难处”。因此，大学生自觉地培养良好的人际交往能力非常重要。

（九）管理能力

尽管不是每个大学生毕业后都会从事管理工作，但每个人在将来的工作中都需要具备不同程度的组织管理才能。现代社会表明，组织管理能力不仅是领导干部、管理人员应当具备的，其他专业人员也应具备。因此，毕业生既要有精深的专业知识，又要有一定的组织管理能力，这不仅是大学生顺利就业的需要，也是时代的客观要求。

（十）决策能力

决策能力就是对未来行为目标的判断和选择能力。良好的决策能力是实现目标并保证其通过科学手段实现理想的最佳选择，因此能让我们少走弯路、少犯错误，以较小的代价取得进步与成功。人的一生往往会碰到各种需要自己当机立断、痛下决心的事情，对于即将毕业的大学生来说，走向社会是人生的一大转折。面临求职的何去何从，最终还是要靠自己拿主意。显然，这是对自己决策能力的一次检验。在未来的工作中，各种问题以及它们的变化进展都需要自己迅速做出反应，及时予以处理。因此，训练和培养自己的决策能力十分重要。培养决策能力要从日常的小事做起，要养成多谋善断的习惯。只有这样日积月累，以后遇到重大事情时，我们才不至于无所适从。

（十一）综合运用知识的能力

随着对外经济技术交流与合作的加强，国际间的商务谈判和交往日趋频繁。这就需要大批的复合型和外向型人才。首先是外语能力，这能使我们在语言沟通方面无障碍地与国外经济组织或机构进行交流。其次是通晓国际经济事务运行的一般规则，并在处理国际事务中积累丰富的经验。在参与国际竞争的商务谈判和交往中，熟知国际惯例和国际间的文化背景，有助于理解不同国家之间的差异和促进国家间的交流。专业能力因专业的不同而有不同的内容和要求。但无论是什么专业的大学生，在就业准备期应该做到：学好专业知识，参加有关的科技和科研活动，结合专业参加社会实践活动，认真进行专业实习，认真做好毕业设计和论文等。能力准备是大学生就业的关键。

三、心理准备

大学生在就业准备的过程中，要注意调整自己的心理，保持健康的心理。那么怎样才能使自己有一个健康的心理呢？首先要进行自我调节，要充分相信自己，看到自己的优势、前景，减轻心理负荷，保持良好的精神状态。其次做好充分的心理准备，树立正确的择业观，看问题不要极端化，处理好自我价值实现与社会发展的关系。

（一）努力转变求职择业观念

大学毕业生应该主动适应社会主义市场经济的要求，努力克服自身的心理障碍，进一步解放思想、转变观念，勇敢地面对社会的选择。

大学生们不要因为第一次择业不够理想就丧失信心，应树立多次择业的观念。大学毕业生择业一般很难一下子就找到理想的工作，因此须在就业问题上树立逐步到位的观念，勤奋务实，努力上进，专心致志，勇于创新，正确处理人际关系，正确对待失业挫折，在曲折的工作经历和多次的工作更替中，实现自己的人生抱负。

（二）转换角色

所谓角色转换，是指个体的人在社会关系中的动态描述。人的职业生涯不断变化，人的主要角色也随之变化，从一个角色进入另一个角色。对于绝大多数学生来说，大学阶段是一种单纯而有保障的生活，学习、生活、交际、娱乐都较有规律，在这样的环境里，容易萌发浪漫的情调和美好的理想，但这样的生活与现实社会自然存在一定的距离。几年后大学生活即将结束，在离别母校踏上社会之前，最重要的就业心理准备就是要转变角色，不能把学校、家庭、亲友及同学所给予的关心、呵护、尊重当成是社会的最终认可。要摆正自己的位置，客观、冷静地进入求职状态，认识社会，了解社会，以自身的实力积极主动地去适应社会的需要，在选择社会职业的同时，也接受社会的选择，正确地迈出人生这关键的一步。即将走出“象牙塔”、走上工作岗位的大学生，要实现由一名学生到一名“单位人”或“企业人”的转变，就必须调整心态，树立积极正确的观念，这样才能尽快适应社会，有所作为。

大学毕业生要成功做到角色转换，首先要客观全面地评价自己。大学毕业生大都自视清高，在走出校门之前，坚信自己会创造一番业绩，但他们对社会生活的估计往往过于简单或片面，他们的理想目标不是建立在客观条件之上。一旦遭遇挫折，大学生很容易产生不安或不满的情绪，失去竞争的勇气。其实，社会是一个万花筒，其中既有好的、有利于人发展的一面，又有不好的、不利于人发展的一面。作为大学生，只有正视现实，接纳现实，正确地了解、认识自己，恰当地评价自己，将主观愿望与客观实际结合起来，才能站稳脚跟，找到真正改造世界创造业绩的切入点。

其次，主动调整生活节奏。大学生结束了宿舍—教室—图书馆三点一线的学校生活，进入一个生活节奏全然不同的新环境，只有主动调整生活节奏，才能尽快适应新环境；要学会支配、安排自己业余时间的学习和文化生活。不善于支配自己业余生活的人是很难适应新环境的。

再次，了解环境进入角色。社会好比是一个大舞台，每个人都有自己的角色位置。毕业生应该认清自己在工作环境中所承担的工作角色以及这个角色的性质、职责范围，弄清楚工作关系中上级赋予自己的职权和自己应承担的义务。只有这样，才能尽心尽力地去扮演好自己的角色。如果角色意识淡薄，一意孤行，我行我素，该请示的擅作主张，该自己处理的事务又不敢做主或推给上司、同事，势必会与新环境格格不入。

（三）确定合理的就业目标和就业标准

所谓合理的就业目标，就是指选择的职业既符合个人的特点，又符合社会的需要，体现入职合理的匹配，能充分运用自己所学的知识，发挥个人优势，多为社会做贡献。大学生合理的就业目标主要包括两个方面：一是就业的主要目标。对于一个特定专业的大学生，在目前的就业形势下，最大的可能是从事与所学专业相关的职业。因此大学生应把能充分运用自己所学专业知识的职业作为自己就业的主要目标，这既符合学校教育、培养的目的，又能充分运用自己的专业知识，发挥专业特长。二是就业的次要目标。这是由社会职业结构的不断变化，相应地对人才的需求随之变化所决定的。这就要求大学生在学好专业知识的同时，根据自己的兴趣、爱好，利用课余时间，通过自学等途径，学习有关知识，培养能力，制定与自己的兴趣、爱好相一致的就业目标。要确定合理的就业目标，就要求大学生合理调整就业期望值，优化自己就业的心理坐标。

（1）避免理想主义，及时调整就业期望值。有些毕业生由于刻意追求最满意的结果，而错过了其他好的机会，有的甚至造成就业困难。尤其是有些条件好的毕业生，在择业过程中，不能及时调整就业期望值，以致后来就业困难，后悔莫及。

（2）避免从众心理，一切从自身的特点、能力和社会需要出发，不与同学攀比。毕业生处在择业洪流中，期望水平会受到其他择业者期望水平的影响。虚荣心、侥幸心理会使他们改变原有的自我期望而采取不切合实际的从众行为。

（四）敢于竞争，善于竞争

毕业生应当克服自卑胆怯的心理，树立自信心和敢于竞争的勇气。

（1）敢于竞争。当今时代，竞争机制已经渗入社会的各个领域和人生的整个过程。深化改革的今天对大学生强化竞争意识既提出了迫切要求，又提供了客观环境。迎接新的挑战，强化竞争意识是大学生在择业前最基本的心理准备。

大学生强化就业的竞争意识，一是要在正确自我评价的基础上，充分相信自己的实力，敢于通过竞争去达到理想的目标；二是必须在心理上准备同“铁饭碗、大锅饭”

的传统告别，即从社会进步和深化改革的角度来加深对竞争机制的认识，强化自身的竞争意识，自觉地正视社会现实，转变观念，做好参加竞争的心理准备。

(2) 善于竞争。要想在求职与择业中取得成功，仅仅敢于竞争是远远不够的，还必须善于竞争。善于竞争体现在具备良好的心理素质、实力和良好的竞技状态方面。

在求职与择业竞争中，我们应注意期望值是否恰当。如果一个人自始至终都以良好的情绪对待学习、工作和生活，那他就有可能在竞争中获胜。要做到善于竞争，还要做到在面试时仪表端庄，举止得体，给人留下良好的第一印象；锻炼出较好的口才，交流时口齿伶俐、表述清晰；合理利用有关规则等。

(五) 学会进行自我心理调适

自我心理调适，就是个体根据自身发展及环境的需要对自己的心理进行控制调节，从而最大限度地发挥人的潜力，维护心理平衡，消除心理障碍。心理学家通过理论探讨和实践检验，创立了许多行之有效的自我心理调适的方法。大学生在择业就业过程中，可根据自己的心态有选择地加以使用。以下是自我心理调适的方法：

(1) 自我静思法。冷静与理智是一个人成熟的重要标志之一。自我静思法也叫自我反省法。遇到困难和挫折时要冷静对待，控制心境，切莫冲动和急躁；摆脱干扰，仔细分析挫折的产生是自身原因还是其他原因，是自己主观不够努力还是用人单位条件太苛刻。冷静思考，有利于稳定情绪，找出原因，有针对性地解决问题。

(2) 自我转化法。有些时候，不良情绪是不易控制的。这时，我们可以采取迂回的办法，把自己的情感和精力转移到其他活动中去。如一门心思学习，参加感兴趣的体育活动，利用假日郊游，接受大自然的熏陶等，使自己没有时间沉浸在不良情绪中，以求得心理平衡，保护自己。

(3) 自我宣泄法。情绪的宣泄，尤其是不良情绪的宣泄相当重要。从心理卫生的角度讲，过分压抑自己的情绪只会使情绪困扰加重，不利于身心健康，适度的宣泄可以把不快的情绪释放出来，从而使紧张的情绪得到放松、缓解，切不可把不良心情埋藏于心底。忧虑隐藏得越久，自己受到的伤害就越大。情绪宣泄的方法有很多种，譬如倾诉、哭泣、适度的活动等。但是，情绪的宣泄要有节制，要注意方式、方法、时间、场合、身份、气氛，不能影响别人，不能伤害自己，宣泄应是无破坏性的。

(4) 自我安慰法。在择业中，我们在遇到挫折时应适当地进行自我安慰，可以缓解内心的矛盾冲突，消除焦虑、抑郁、烦恼和失望情绪，有助于保持心理的安宁和稳定。如一次面试失败时，用“胜败乃兵家常事”来安慰自己，使自己从懊丧、焦虑中解脱出来；当因挫折而陷入情绪困扰时，可用“亡羊补牢，犹未为晚”“塞翁失马，焉知非福”来做自我安慰，以摆脱烦恼、自我激励、总结经验、吸取教训。

（5）理性情绪法。理性情绪法也称正确归因法，人有理性与非理性两种信念，这些信念指引下的认知方式会左右人的情绪。人的不良情绪的产生根源来自人的非理性观念，反之亦然。要消除人的不良情绪，就要设法将人的非理性观念转化为理性观念。例如，有的学生在择业中受了挫折便消沉苦闷或怨天尤人，其原因在于他原本认为“大学生就业应当是顺利的”“我的择业应该很理想”等。正是这些观念作怪，才导致现实情况加剧了他的不良情绪。如果将这些想法加以纠正，不良情绪一定能得到缓解。大学生在运用理性情绪法时，应首先分析自己有哪些消极情绪，从中分析、综合、抽象、概括出相应的非理性观念，并对其进行挑战、质疑和论辩，同时对比两种观念状态下个人的内心感受，鼓励自己向理性观念方面转化，排除不良情绪。

自我调适的方法还有很多，如自我重塑法、环境调节法、自我暗示法、幽默疗法等。这些都是应变的一些方法，但最主要的还是树立远大的理想，树立正确的人生观、价值观。大学生平时就应注意培养良好的品质，磨炼坚强的意志，开放各种感官接触社会，多方面体验生活，培养乐观豁达的生活态度。只有这样，择业者才能在择业的重要关头始终保持积极向上的精神状态和健康心理。在维护和促进心理健康中，大学生除了提高自我调适、解决心理障碍的能力外，还要积极向社会寻求帮助和参加心理咨询活动，尤其是接受心理咨询人员的帮助。人的心理出现矛盾，特别是出现较大的心理负担和压力之后，内心冲突激烈，自我调节难以奏效，很难转变心理认知时，外来力量的帮助就显得非常重要。这时，作为涉世未深的大学生就应该及时主动地寻求外来的帮助，从近几年兴起的心理咨询热潮看，专门针对大学生集体和个体进行的心理咨询不失为一种最佳途径。

第二节　大学生就业信息的收集及使用

信息作为当今世界推动社会生产力发展的新动力，正日益受到人们的重视。信息同能源、材料一起被看作人类生产与生活必不可少的三大资源。人们的衣食住行离不开信息，社会交流沟通离不开信息，国家民族的强大更离不开信息。就大学生就业来讲，不仅是学生与学生间实力的竞争，某些程度上还是信息的竞争，谁先掌握了信息，谁掌握的信息较多，谁能合理使用信息，谁就能立于不败之地。

对处于就业背景下的高校毕业生来讲，自身实力是基础，国家政策是规范，信息是成功就业的载体，这个载体是连接毕业生（供方）与用人单位（需方）的中介。随着社会市场化程度的提高，专业分工的精细化，信息在就业中的价值将越来越显现。

一、就业信息的基本范畴

所谓就业信息就是指择业者事先不知道，然而之后经过加工整理，能被择业者接收并对其选择所从事的职业或职位有价值的消息、资料和情报。尽管人们对信息的定义还在进行不懈的探索，但人们对信息本质特性的认识却逐渐趋于一致。就业信息基本特性的揭示，使我们能够对就业信息概念获得全面的了解。

（一）就业信息的基本特性

1. 社会性

就业信息的社会性表现在就业信息联系着人们的活动，并且与很多部门及个人相关联。就业信息的社会性似乎很抽象，其实非常具体，因为与个人就业相关的信息必然存在于个人所能认知的社会关系中。这就要求我们利用一切可以利用的社会关系来获取就业信息。

2. 时效性

就业信息的效用是有一定期限的，过了期限效用就会减少，甚至丧失。比如某企业近日欲招聘两名技术员，当日有人去应聘并被录用，那么“某企业需两名技术员”的信息在次日就失去了使用价值。可见信息具有鲜明的时效性。信息只能在得到并及时利用的情况下，才会有理想的使用价值。

3. 变动性

就业信息受国家政治、宏观经济形势的影响很大，一些符合国家产业政策的行业将得到大力发展，不在国家产业政策支持范围内的行业发展相对缓慢，而与国家产业政策相背离，存在环境、生态危害性的行业将逐步被淘汰出局。国家产业政策的支持，意味着巨额资金的投入与生产规模的扩大，新厂不断建立，对劳动力的需求也会增加。所以，就业信息总是随国家政策支持的力度而变化。同时，高等教育人才培养是有周期性的，一般本科教育的周期为 4 年，当你入学时选择的是热门专业，就业需求量很大，并不意味着毕业时同样能有当初入学时的就业需求量。反之，也是这样。例如，前些年金融、会计、财贸人才紧缺，就业需求很大，而这几年人才相对饱和，用人需求量下降，获得职位的机会相对较少。反之，如食品、纺织人才，人才供给量较少而需求量增加，就业机会则相对增加。就业信息总是随着人才的供需矛盾而波动的。

4. 传递性

没有传递就没有信息，更没有信息的效用。这说明就业信息总处在一定的波动过程中。我们必须善于在流动过程中获取有关信息。一般来说，学校、学院（系）就业指导机构获得用人信息后，应及时公布给学生，使学生从中获得最新资料。

5. 寄载性

就业信息总是通过一定的载体（媒介）来进行传递的。诸如网络、报纸、电话等硬件，还有反映用人单位的资料介绍、招聘要求等。

6. 共享性

就业信息可同时为众多的使用者所共用。目前，大多数著名的或有一定规模的企业单位，在互联网上或通过电话向全社会及具有某一专业的各高校，同时发布就业信息。这就要求就业信息享用者一旦获得了某种信息后必须快速作出决断，向招聘单位表明自己的观点。因为就业信息的共享性意味着你择业的竞争对手并不局限于你周围的同学，还有全国其他高校同一专业的许多学生，在择业中捷足者往往会得到更多的机会。

7. 效用性

就业信息的效用性就是它的价值性。如果高校毕业生根据就业信息找到了自己合适的工作岗位，既满足了个人生存发展的需要，又使企业找到了合适的人才，取得了社会效益，这是就业信息的正效应。当然，如果就业信息不准确或择业者对就业信息认识不深，也会给个人和社会带来负效应。

8. **可积累性**

就业信息具有可积累性，因而它更有收集和整理的价值。就业信息虽然有老化、过时的过程，但就业信息积累得越多，对就业的形势、特点认识就越清楚。这对大学毕业生在择业理想与现实的冲突中，适时调整自己的期望值，作出明智的就业抉择显得极为重要。

9. **相对价值性**

就业信息的价值不是绝对的，从严格意义上讲任何就业信息的价值都是相对的。其关键在于就业的个体对信息的理解、认识和利用。同样一个信息，对一部分人来讲非常有价值，对另一部分人来讲就会变得毫无价值。

10. **可伪性**

就业中发布的信息并不是每一条都是百分之百的正确，有的是由于传递过程中的失误，产生“传递伪信息”。也有的是某些公司出于某种目的，故意采用捏造、欺骗、夸大、假冒等手段制造“人为伪信息”。伪信息带来信息污染，具有极大的危害性。例如，有的公司无意招人，仅仅是为了宣传企业，发布招聘信息，给人以误导；有的公司打着招人的幌子，召集学生一个个谈话，实际上是刺探技术情报。

（二）就业信息的发展

就业信息是人类社会信息的组成部分，随着社会信息的发展而发展，不过直接决定就业信息发展的是经济形势和人才市场的需求。随着市场经济的不断发展，人才市场的不断扩大，就业情况越来越复杂，就业信息内容也越来越丰富，就业信息的收集、整理与传递也越来越发达。

新中国成立后很长一段时间实行的是“统包统分”的高校毕业生就业分配制度。在这种由国家统一下达就业指标，学校、个人无条件地服从国家安排的情形下，人才的供应与需求关系比较简单，人才市场尚未形成，就业信息的内容仅限于企业的名称和所需人才的数量，传递就业信息的工具多半是文字、语言。随着经济和社会的发展，这种大学生毕业后由国家以指令性计划分配到全民所有制单位当干部的分配制度，已失去了存在的价值。随着人事制度、劳动制度改革和人才市场的建立，就业信息内容日益丰富多样，传递的工具和渠道有语言、文字，图表、广播、计算机、网络等。从就业信息内容来看，除了一般用人单位的需求信息外，与就业市场相关的政治、经济、政策、法规等都可以成为就业信息内容。在这种情形下，离开了就业信息，学生择业几乎是寸步难行。

（三）就业信息的内容

1. 政府就业决策信息

如果大学毕业生能了解、遵循、利用政府的政策所提供的条件，那么就能使自己顺利就业。反之，政策不明或与之违背，将妨碍个人的顺利就业，因此必须收集和研究国家和各级地方政府的政策与规定。

2. 有关就业的法律法规信息

法律法规既赋予组织和个人进行各项活动的权利，又赋予组织和个人同一切侵犯自己合法权益作斗争的有效手段。如果依法办事，人们不仅可以取得合法效益，还可以捍卫自己的正当权利，减少不必要的损失。由于我国人才市场机制尚不完善，出现了不少违纪违规现象，作为大学毕业生来说就必须清楚地了解有关就业的法规、法令，学会用法律来保护自己。目前我国已出台和执行的有《中华人民共和国劳动法》《中华人民共和国反不正当竞争法》《中华人民共和国劳动合同法》等。

3. 有关社会职业方面的信息

现代社会存在许多行业职业的划分，理论界也没有统一的认识，其中具有代表性的观点是：第一，从行业上划分，可分为第一、第二和第三产业职业类别。从目前我国产业分布状况来看，第一产业（农、林、渔、畜牧业）人数比重明显偏高，而第三产业（商业、服务业、旅游业、信息业等）人数比重明显偏低，比例失调。第二，从所有制上划分，可分为全民所有制、集体所有制、劳动者个体所有制、私营所有制以及中外合资、合作经营和外资独营的所有制职业类别。第三，从各级各类学校的专业来分，可分为高等学校专业、中等学校专业和职业技术学校专业。第四，从工作特点上划分，可分为实务、社会服务、文教、科研、艺术及创造、计算及数学、自然界、户外、管理等九种类型职业。第五，按职业横向分类，可分为各类专业技术职业、国家机关、党群组织、企事业单位、商业工作、服务性工作、农林牧渔劳动、工业生产和运输等，以及不便分类的其他劳动。

4. 有关用人单位信息

高校毕业生选择单位时，往往会出现这样一些错误：对用人单位的情况不甚了解，又没有一定的对比，于是在择业时带有很大的随意性和盲目性，如只挑选大城市而不问用人单位的性质、业务范围；盯着有“关系”的单位，企图靠“关系”得到提拔和重用；有的只图单位名称好听就盲目拍板等等。那么如何才能避免一些假象，做到对用人单位的客观评价呢？关键取决于掌握用人单位的信息。

掌握用人单位的信息，不仅指在招聘广告和职业信息中选择出最适合自己的求职机会，还应包括在初步确定了自己想应聘的职业或岗位后，对该招聘单位及应聘岗位工作要求有所了解。对招聘信息多掌握一点，求职的选择机会就多一点，对招聘单位多了解一点，求职的成功希望则会多一点。掌握和了解用人单位的信息量越大，判断准确率越高，反之，则越低。

对于用人单位的信息，择业者可以从该单位的介绍资料中获得，也可以到当地的工商管理部门或企业的主管单位那里了解。当然，如果能认识一些已在该单位就职的人员，从他们那里就能获得更多更有价值的信息。亲自到企业去社会实践、生产实习与参观考察将会使择业者对企业有更多的感性认识，作出适合自己的职业抉择。

有关用人单位资料的调查提纲：①企业必须得到工商部门的认可；②企业是否有濒临倒闭的风险；③企业的规模、占地面积、固定资产总额、职工人数、人均收入等；④市场主导产品、产品的市场占有率、生产总量与销售总额；⑤企业领导人的学历与人品；⑥企业内是否有适合自己兴趣的工作岗位；⑦晋升的机会；⑧现企业职工对企业的评价；⑨企业效益是呈增长趋势，还是下降趋势；⑩企业的社会知名度；⑪企业的福利、工资、津贴、住房、医疗保险、养老保险、生活设施等；⑫工作的劳动强度；⑬工作环境，包括设备条件、安全保护、环境污染等。

二、就业信息的获取

收集就业信息是高校毕业生求职择业前的一项重要任务，就业信息越广泛，择业的视野就越宽阔，就业信息质量越高，择业的把握性就越大。而高质量的就业信息存在于广泛的信息之中，因此，择业者必须利用各种渠道、各种手段，广泛、全面地收集与择业有关的各种信息，为就业做好充分的准备。

（一）就业信息收集的原则

1. 准确性、真实性原则

准确性要求信息所反映的情况必须真实、可信。就业信息准确与否直接影响到择业人员择业的成功与否。信息不准会给择业工作带来决策上的失误。例如，某著名食品跨国公司给学校发来一份招聘信息，需要招食品科学与工程专业本科生10人，学校这一专业中共有10人应聘，其中有几名同学自认为较为优秀，无竞争压力，“大势已定”只等签约，所以给公司提供个人资料时草率应付。其实该公司同时向国内10所高校发布招聘信息，结果自认为较为优秀的同学连复试的机会都未获得，第一轮即惨遭淘汰。

2. 适用性、针对性原则

随着人才市场的发展，就业信息铺天盖地，如果在信息收集中不注重适用性，那么就可能把握不住方向。因此，毕业生在收集就业信息时，必须对自己有一个客观评估，然后根据自己的专业、特长、能力、性格、健康状况等各方面因素去收集适合自己的信息，避免浪费不必要的人力、物力与时间，贻误就业时机。例如，某非上海籍生源的同学，毕业前应聘了上海许多企业，其中有多家企业愿与他签约。然而在报批上海市教委时，因他不符合进沪条件，未获批准。他不得不与签约企业解除合约，另找工作。但他因之前几乎未收集上海以外各省的就业信息，一时难以找到合适工作，后悔莫及。

3. 系统性、连续性原则

就业信息的收集要求具有系统性、连续性。因为许多就业信息是零碎的，这就要求大学生善于将各种相关的信息积累起来，然后经过加工提炼形成一种能客观、系统地反映当前产业政策、人才需求动向的就业信息，从而为自己今后事业发展奠定良好的基础。例如，某同学是食品专业的应届本科毕业生，他放弃在市区某国有银行工作的机会，而选择就职于某粮油工业公司，许多人对此表示不理解，但他有自己的思考，他分析道：目前从各种形势来看，金融行业人才趋于饱和，自己又不是科班出身，也许目前收入较高，但长远发展并不有利。中国加入WTO后，农副产品深加工是国家重点支持的产业，同时利用国外廉价的资源——大豆进行深加工，发展空间巨大，投身于这一事业，必将大有作为。

4. 计划性、条理性原则

作为信息收集者来说，我们首先必须制订信息收集计划，明确信息收集目的。只有明确了目的，就业信息收集才有方向，才能发挥信息收集的主动性。其次，明确自己所需的就业信息的内容范畴，是有关就业政策的、就业动向的，还是用人单位需求信息的，要做到有的放矢，才能事半功倍。

（二）就业信息收集的方法

1. 广泛与重点相结合

当今社会科学技术迅猛发展，边缘学科、交叉学科不断出现，知识的渗透性更加明显。社会行业也由过去的专项性向综合性发展。所以在收集信息时，择业者不要仅仅局限于专业对口单位，对非对口单位的需求信息也要注意收集。同时在广泛收集的基础上，择业者要确保重点，全面了解专业对口单位的需求，因为这样的单位对相应人才的需求量大。

2. 纵向与横向相结合

市场经济的发展，要求地域之间加快人、财、物的流动和流通，取长补短，相互促进，形成合理完善的人才机制。所以在收集人才信息时，一方面，我们要把本省、地（市）的人才需求收集起来；另一方面，也要注意收集不同省份的人才需求信息。

3. 动态与静态相结合

社会各行业对人才的需求一方面具有相对的连续性和稳定性，需要我们及时准确地获取当年的需求信息（静态）；另一方面，各行业又是在竞争中求生存的，随着经济的发展、市场的调节而变化。因此，我们必须同时了解、掌握、预测社会各行业在一个时期内对各类人才需求的动态信息，增强就业指导的预见性和主动性。

4. 注重用人单位对毕业生招聘条件的信息收集

社会上对人才的需求，既有数量的限制，又有质量的要求。在收集就业信息时，我们尤其要注意各单位对毕业生的具体要求是什么。总的来看，社会上急需德才兼备的人才。大学生从政治素质、知识、实际工作能力，乃至身体状况，都要适应时代的发展，这需要毕业生不仅要有远大的理想，还要有丰富的专业知识、较强的竞争意识、勇于开拓和脚踏实地的苦干精神。

（三）就业信息收集的渠道

收集就业信息的方法丰富多样，社会活动、暑期实践、毕业实习、师兄师姐、就业指导课程、校园招聘会，甚至在紧张的面试时刻，都是收集信息的好机会。收集就业信息，关键要畅通信息渠道，结合自己所学的专业和特长，有所侧重。目前毕业生收集信息一般通过以下几个渠道：

1. 学校的主管部门

高校的毕业生就业指导部门，包括学校就业指导中心和各院系负责学生工作的有关部门。学校的毕业生就业指导部门专门从事毕业生就业工作，与用人单位建立了长期友好的合作关系，在长期的工作交往中与各部委和省市的毕业生就业主管部门及用人单位有着广泛而密切的联系，是用人单位向学校寄送需求情况的信息集中地。学校毕业生就业指导部门是获取用人单位信息的主要渠道，他们提供的信息数量大，针对性、准确性、可靠性较强，是毕业生获取求职信息的主要渠道。

2. 各级政府主管部门和就业指导机构

为了适应毕业生就业制度改革的需要，县级以上各级政府多数都成立了毕业生就业指导机构，这些机构的主要职责就是制订所辖区的毕业生就业政策，交流毕业生和用人单位的供求信息，为毕业生提供各种咨询和服务。他们每年都要通过各种形式为毕业生提供各种可靠的就业信息。

3. 毕业生供需见面会和人才招聘会

毕业生供需见面会和人才招聘会是由高校和当地毕业生就业主管部门组织的，让毕业生与用人单位直接见面、洽谈的一种择业活动方式。毕业生不但可以直接面对招聘单位，通过彼此的交流可以获得更为丰富和全面的信息，而且可以当场签订协议，比较简捷有效，大大提高了毕业生应聘的成功率，同时用人单位也可以挑选到自己满意的毕业生，因而它受到毕业生和用人单位双方的欢迎。人才招聘会主要是社会各级人才市场举办的与大学毕业生有关的招聘会，人才市场在一定的时间向用人单位提供场地，让他们进场招聘所需要的毕业生，组织者向用人单位收取摊位费，向毕业生收取门票费。这类招聘会往往以营利为目的，注重广告宣传，规模较大，但参加单位成分较复杂，有时难免鱼目混珠。此外，还有一些实力雄厚的用人单位自己组织的人才招聘会，这类招聘会一般对应聘者要求严格，多重筛选，因此，竞争激烈，淘汰率高。不过，它也是毕业生向用人单位展现自己风采、实现自己人生抱负的好机会。

4. 社会关系

通过社会关系网获得信息，也是一个重要的渠道。毕业生在收集就业信息的时候千万不要忘记了你周围的亲戚、老师、朋友以及朋友的朋友，也许他们会给你提供一些信息。每个人都生活在特定的社会关系网中，都不可避免地与人进行接触，双方在相互作用的过程中不断交换着各种信息。就业信息反映的是人与人之间的供求关系，无论通过什么渠道或载体，它归根到底是通过人来交换的。但是由于人与人之间的关系不同，彼此之间信息传递的内容、方式、频率等也不一样。一般而言，信息总是在关系较密切的人际圈子里流动、传递。大学生因为长期生活在校园环境中，接触面较窄，人际关系不广，就业信息的来源渠道也就比较有限。所以，毕业生要善于利用各种社会关系，拓宽信息的来源，让更多的人帮助自己收集就业信息。

为了尽可能多地从自己的社会关系中获取有用的就业信息，毕业生不妨采取如下做法：首先，找一张白纸，在上面列出自己所认识的人的名单，包括亲戚、老师、校友、同学、邻居、朋友等方方面面的人物，从中挑选出可能为自己现阶段求职提供帮助的人。然后，设法找到这些人的通信地址以及电话、E－mail 等各种联系方式，通过打电话、写信、拜访等形式进行联系，告诉他们你的近况和求助的信息，这里也要注意一些方法：

（1）拉近关系。提一提你们最近在一起的美好回忆，或者提到某个你们都认识、最近都谈过话的人。

（2）将你的求职方向、你考虑的公司告诉对方，并征求对方意见，询问对方你的个人简历写得是否合适。不要特地去问“我到你们那做事好吗”等之类的话，要把自己的情况如实告诉对方。

（3）要重视对方给你提供的信息。如果对方带着信息找你，你应说：“真是太好了，真是难得的机会！”即使你已经知道这个信息。因为当对方看到自己的意见受到重视和赞赏时，他有可能会向你带来更多的信息。

（4）每当你得到对方推荐，一定要问清楚你去该推荐单位时，是否可以使用推荐人的名字作为引见。回答大多是肯定的，但是问一问会显示你有行家气质，并会激励对方带来更多的信息。

（5）如果你确实得到帮助，就要道谢。如果得到口头帮助，要书面道谢。感谢信中也可以附一份个人简历（如果以前没有给过的话）。不管你联系的人是否帮助过你，你得到工作以后一定要让他们知道。

5. **社会实践**

走出校门，融入社会，锻炼与体验人生是大学生自我教育的有效形式之一，也是大学生收集就业信息、推销自我的机会。目前，按照学校的要求几乎每一个在校学生都有利用寒暑假期进行社会实践的任务。大学生应充分利用业余时间在校外兼职，到各单位实习锻炼，了解单位对大学毕业生的需求情况，了解公司现有的职位、职业竞争机会及内部管理情况。在社会实践的过程中，通过自己的努力赢得用人单位的好感、信任，取得就业信息甚至直接谋得职业的大学生不在少数。因此，大学生在各种社会实践活动中，在提高思想觉悟、培养社会能力的同时，也要做一个收集就业信息的有心人。比如，在社会考察活动中，大学生应有意识地注意一些关于行业发展趋势、人才需求状况、具体单位、岗位用人的要求、途径等与大学生就业有关的问题；在社会服务活动中，大学生应注意观察、思考，努力发现自己原来没有想到的、潜在的职业或岗位，一旦有所发现，应及时追踪求索，捷足方能先登；在勤工助学、实习锻炼等直接在用人单位进行的社会实践中，更应多看、多问，要“淡化”自己的学生身份、“打工”角色，以主人翁的姿态了解和关心该单位的事业发展，了解和关心自身和周围岗位上在职人员的工作状况，尤其在与自己的职业意向相合的单位或岗位实践时，大学生要充分展现出自己的才华和能力。

6. **毕业实习**

毕业实习是大学生踏入社会的前奏曲，是参加工作的预演，所以每个人必须充分重视这一难得的经历。通过实习，一方面用人单位会对毕业生有所认识、了解，另一方面学生对社会工作也有更感性的认识。如果你向单位证明你是一个有价值的职员，在实习过程中体现出你的才华、能力与敬业精神，那么它将为你加盟该公司奠定良好的基础。通过实习，你也许会获得通向永久性职业大门的钥匙，所以要充分重视毕业实习这一教学环节，尽力与实习单位建立最好、最有意义的实习关系。

7. 有关新闻媒体

当前，毕业生就业已成为社会热点问题，受到各新闻媒介的普遍关注。每年在大学生毕业择业之际，广播、电视、报纸、杂志上都会有大量关于大学生就业的信息，包括就业政策、行业现状、职业前景、人才需求等方面的报道和分析。目前，许多用人单位通过新闻媒体发布招聘信息，毕业生要注意定期收集，并查询有关资料。这些信息从不同侧面和角度反映了当年大学生就业的整体情况，受到招聘机构和求职者们的共同青睐。

近年来，随着国家和社会对大学毕业生就业工作的重视，有关大学生就业的专业媒体不断增加。比如，由教育部主管，全国高校学生信息咨询与就业指导中心、高等教育出版社主办的《中国大学生就业》，各地的《就业指导报》《人才市场报》《劳动信息报》等；电台、电视台设有专门的毕业生就业指导栏目等。新闻媒介不但传播速度快，而且涉及面广，信息传播及时，是毕业生不可忽视的一条重要的就业信息搜集渠道。

8. 其他途径

一般来说，电话簿的分类目录，包含一个地区的几乎所有企业的名单，特别是可以从中找到有关企业的名字和地址。毕业生还可以通过参加各级各类博览会、产品展销会等了解企业情况，收集就业信息，如广交会、中国春季服装发布会、国际食品添加剂展销会、中国高新技术成果展、中国机械产品博览会等等。通过某一新产品形态来收集相关专业的企业及联络方式，例如到超市去，通过陈列的产品，了解各行各业的企业名称和联系方式等等。利用电脑网络收集毕业生的就业信息，越来越得到社会各界的重视，也是收集就业信息的最有效途径之一。

（四）利用互联网收集就业信息

网络，作为开放式的信息平台，正以日新月异的速度发展，并使人们生活的各领域发生突飞猛进的变化。而网上求职正以其开放、全面、快捷的特点逐步形成规模。用人单位和毕业生将招聘信息与求职信息在网络公开，通过网络互相选择、直接交流。网上求职，最大的优势在于即使毕业生身在异地也能获得大量招聘信息及就业机会，它跨越时空界限，突破了人才信息与招聘信息难以沟通的种种限制，打破了单向选择的人才交流传统格局。我国各地纷纷建立人才市场信息网，实现网上就业信息查询，网上招聘。如何能更全面、更快捷地获取求职信息，在严峻的就业形势中抢占先机，如愿以偿，则需要求职者学会利用网络进行就业信息的搜索。

1. 互联网收集信息易犯的错误

（1）漫无边际地四处收集。许多毕业生事先不知道哪些求职网站比较权威，也不清楚自己到底要找什么，便漫无边际地在网站上四处收集就业信息。只要看见是与自己专业有点关系的或自己感兴趣的信息就下载，不管信息渠道是否可靠，信息是否真实有效，结果把自己搞得毫无头绪，摸不着方向。这不仅浪费时间和精力，还会被一些颇具诱惑力的虚假信息蒙骗。近年来，毕业生由于轻信网上信息，导致钱财被骗、求职落空的事例不少。

（2）把所有的希望都寄托在网络上。网络能为毕业生提供大量的求职信息，其“无所不包，无所不有”的内容虽令广大毕业生着迷，但也导致部分毕业生对网络的过分崇拜和依赖，而忽视了其他更权威、更有效的信息渠道。利用网络求职，本可以提高获取信息的效率，但一头扎进网络信息的“汪洋大海”出不来，实际上恰恰降低了自己的求职效率。

2. 互联网收集信息的注意事项

（1）选择适合自己情况的、正规的、权威的网站。目前，人才招聘类专业网站不下数百个，但相当一部分的招聘网站是“滥竽充数”，有效信息量少得可怜，所谓的“最新招聘”常常是一个月前的信息。所以，大学生首先要找到那些信息量大、更新速度快的权威性人才招聘网站。现在，教育、人事部门所属的人才机构和高校就业指导机构纷纷建立了自己的网站，为毕业生提供大量的就业信息。这些正规网站发布的信息比较可靠，值得毕业生留意。

（2）及时下载重要信息。在求职招聘的高峰期，招聘网站上的内容特别多，岗位、条件罗列一大堆。为防遗漏，又节省时间，大学生最好是把网页上的内容先分门别类地下载之后，及时整理、处理信息，把网上有用的求职信息及其来源网站记录在笔记本上，方便自己查阅。

（3）仔细分辨，谨防受骗。参加网上招聘活动，一定要提高警惕，认真辨析。与其他信息载体相比较而言，网络招聘信息的可信度存在很大局限，一是“偷工减料”；

一些人才网站，特别是小型网站的招聘信息是从大网站上转载过来的。虽然信息内容是真实的，但这些网站在下载、处理、制作等过程中，却充当“筛子”的作用，或只有用人单位提供的招聘职位中的一部分，或删掉了用人单位的情况介绍等；二是信息滞后：网络信息本来是以速度见长的，但是一些网站只有二手信息，为了充数便不顾信息的时效，把过时的信息也拿来“更新”；三是毕业生特别要提防的虚假信息：有的是网站被不良之徒利用，有的是网站本身别有所图，故意制造信息“陷阱”，骗人骗财。而这类信息往往又在单位类型、名称、用人条件、待遇等方面特别具有诱惑力。为此，大学毕业生求职时一定要认识到虚拟世界与现实世界的差异，首先要把握就业信息的特征，学会分析辨别信息的可信度和有效度。其次，要对网上信息进行网下求证，一般应先致电招聘单位确认其真实性，再发送求职简历。最后，要树立网络安全意识。把张贴个人简历的范围限制在那些应征职位有密码保护，限制公开私人资料的网站。同时，毕业生应多参加由政府有关部门和学校组织、推荐的正规网上招聘活动。

3. 求职网站的种类

(1) 专业求职网站。在这类网站上可查询到成百上千的招聘信息，一般来说网站可根据求职者对地域、信息发布时间、行业、职位、薪金等的具体要求提供查询服务。同时，这类网站往往以专业的人才服务为背景。求职者可以在线填写简历，这些简历将存入网站的数据库中，需要招聘的公司可以查询到符合要求的求职者信息。

(2) 公司自己的网站。目前，许多公司越来越重视建设企业自己的网站主页。大多数公司的网站除了介绍企业文化与产品外，还会随时发布公司的招聘信息。

(3) 门户网站的求职频道。如搜狐求职频道，它最大的好处是容纳了好几家一流的专业招聘网站的信息，比如招聘网、中华英才网、无忧工作网。同时，频道内还提供了很多人才政策、新闻以及就业辅导等大量信息。

三、就业信息的处理

善于利用各种渠道获取用人单位信息，善于归纳整理，这是求职活动的基本功。由于信息的来源和获取的方式不同，内容必然虚实兼有，互有矛盾。在广泛收集信息的基础上，结合自己的实际情况，国家有关的政策、法规，择业者对信息进行一番去伪存真、去粗取精，有目的、有针对性地排列、整理和分析，是非常必要的。只有当信息具有准确性、全面性和有效性后，才能更好地为自己就业决策服务。

（一）就业信息处理的过程

1. 鉴别获取的信息

信息既蕴藏着机会，又可能潜伏着陷阱。由于所获取信息不一定都全面、准确，因此要对信息进行严格的鉴别和判断，并加以澄清和剔除，使之更好地为自己的求职择业服务。鉴别信息，首先要确定信息的可靠程度，对于不可靠和心里不踏实的信息要通过各种信息渠道向知情人士打听；其次，要鉴别信息的内容是否齐全，特别是发现自己想知道的细节缺失或者不清楚时，要抓紧时间进行一番实际考察或通过其他渠道了解，还可以在应聘时向招聘人提出。总之，择业者要等信息基本准确之后再做决定，这步工作做好了，才能保证随后的工作按照正确的方向进行下去。相反，若这步工作判断错误，则会让毕业生的求职过程一开始就处于被动地位，很可能给自己的心理和行为带来许多负面影响。

2. 按照自我标准，将信息排序，重点把握

在信息加工之前，先给自己草拟一个职业选择提纲，确定择业标准，再按照标准对信息进行分析和处理。因为即使是真实的信息，也不是每条都适合毕业生自己的实际情况，毕业生要对所掌握的信息进行比较和选择，看看自己的性格、兴趣、特长与哪个单位更匹配，哪个单位更符合自己的职业生涯规划目标，从中选出重点。对重点单位的内部信息要进行深入细致的分析，分析它需要的人才的特点，它对人才使用的方向，以及该单位未来的发展前景等等。在掌握了这些情况以后，毕业生再根据自己的实际情况和用人单位的要求，有针对性地设计自己的应聘材料，从而提高应聘的成功率。

3. 善于挖掘潜在信息

许多信息的价值往往不是浮在表面上的，必须经过深入挖掘才能发现。比如，根据有些单位的现状，择业者可能还难以判断、预测单位和自己今后的发展；有些单位虽然目前条件差一些，但从长远看或许是有前途的，能够给人才较大的发展空间。这就要求毕业生既要站在高处，从长远的、大局的方向看职业、单位的趋势，又要留意信息的细枝末节，由表及里地挖掘信息的内涵价值。有时，择业者还需要有一些专业

知识和经验。譬如，从单位的组织结构发现其管理模式和运作机制，从单位的人事、财务报表分析它的人力资源状况和经济状况，从单位历年的招聘岗位和人数的变化中了解它的经营方向变化，甚至从单位招聘的过程和方式，如笔试的内容、面试的问题、联系的方式等方面都可看出其是否与自己的预期判断相一致。

4. 及时反馈信息

在当今变化万千、节奏加快的时代，就业信息由于其传播速度快、共享程度高，毕业生得到的信息仅仅代表着一种可能的机会。因此，毕业生获取信息后，一定要尽快分析处理并向信息发布者反馈信息，早动手未必一定能得到这个岗位，但反应迟钝者肯定会失去这个岗位。信息有很强的时效性，及时用之是财富，过期不用是垃圾，因为条件较好的职业人都会被吸引，而录用指标是有限的，所以犹豫不决会使你痛失良机。

（二）就业信息处理的技巧

毕业生在了解就业信息的处理原则和处理过程之后，还应掌握一些处理就业信息的技巧，从纷繁复杂的信息中找到适合自己的有效信息。掌握一些信息处理方面的技巧，可以少走一些弯路，为顺利就业打下良好的基础。

1. 就业信息处理的参考模式

整个求职的过程，实际上就是一个不断分析和处理信息的过程。经过不断处理，收集的信息由多到少，直到最后往往只能选择一个。选择同时也意味着放弃，何去何从就在一念之间，或考虑现实，或坚持自己的价值取舍，对许多毕业生来说，这是一个艰难的过程。择业是迈向社会的第一步，虽不能说决定终身，但毕竟良好的开端是成功的一半。

2. 就业信息处理的技巧

（1）建立个人就业信息管理库。因为毕业生就业信息多处于随机状态，时断时续，时多时少，收集到的信息也是五花八门、各式各样，毕业生如不进行有效的信息管理，收集到的信息就会如一团乱麻，让人晕头转向，给自己造成许多的麻烦，以致顾此失彼，错过许多机会。一些毕业生不想做信息处理的工作，总认为时间太紧张，就业信息抄下来及时行动就行了。还有一些毕业生则是不会做信息处理，平时懒散惯了，做事情本来就缺乏条理性，在处理就业信息时就更杂乱无章。

择业者在整理就业信息时需要准备一本专用笔记本或一个电子文档，根据自己的实际情况与择业理想有针对性地分类整理。具体整理的分类可以包括就业政策信息、单位分布区域、企业品牌知名度等。就业政策信息整理可以分为国家就业政策信息与各地方政府就业政策信息两类。国家就业政策信息较为稳定，对其主要内容要记录下来，如有调整应及时添加。各地方政府就业政策是各不相同的，每年都有适度的“从宽”或“从紧”的调整，在初步确定求职地域后，择业者应关心一下当地的人事政策，对于户口迁移、养老保险、应届大中专毕业生准入条件等相关内容对比整理，以便于记忆。单位分布区域整理一般可以分为沿海单位与内地单位。沿海地区的单位可以细分为中心城市、中小城市等。同时，目标单位是市区、郊区、开发区的又可以分类整理。企业品牌知名度分类整理包括对企业的知名度、资产规模、产品的市场占有率、发展潜力等进行综合排序。

其实，建立一个简单的个人就业信息管理库非常容易，也很必要。当然，如果毕业生个人计算机能力和数理统计分析能力比较强，可以对若干重要指标设立权重系数。比如，单位地理位置的权重，经济状况、福利待遇、单位发展前景的权重等等，再利用数理统计公式得出一个用人单位的综合评价。这样就能较客观地对一个信息进行量化处理，从而避免在比较条件相似的用人单位时出现左右摇摆、拿不定主意的情况。

（2）寻求个人就业信息咨询“智囊团”。大学毕业生由于缺乏社会经验，在对就业信息进行分析和处理时难免主观幼稚，有失偏颇。因此，大学毕业生在处理信息时也要民主决策，最好是有一个自己的就业信息咨询“智囊团”。当然，这并不是要毕业生正儿八经地去请一些人来担任自己的就业参谋，而是要求毕业生在处理收集到的就业信息，特别是对一些自己没有把握、不能下定判断的信息进行抉择时，要有意识地主动去请教一些能为自己提供帮助的人，比如就业指导老师、辅导员、家长、已参加工作的师兄等等。大学生在就业时应多方听取有工作经验的过来人的意见，特别是在辨别信息的真假、鉴别单位的优劣、选择适合自己将来发展的单位等问题上，他们将会提供非常有益的指导。

第三节　大学生就业自荐材料的编写

自荐材料对大学毕业生来说其重要性是不言而喻的。确切地说，只要获得了面试的机会，那么你的自荐材料就算是成功的。

一、自荐材料的内容

自荐材料是大学毕业生用来和单位取得联系，介绍自己基本情况、全方位展现自己风采的各种说明性和证明性的材料，它的形式可以是书面文字。随着网络技术的发展及招聘的高效快捷，现在很多应聘者将自荐材料制作成电子版与招聘公司通过网络联系。自荐材料在择业过程中有着举足轻重的作用，笔试、面试、录用都离不开它，其质量的好坏直接影响着就业。自荐材料一般包括履历表、求职信、学校推荐材料、在校学习成绩、获奖证书、外语等级证书、计算机等级证书等。

（一）个人履历

要使求职获得成功，大学生首先应认真、正确、完整地写好自己的履历表。一份合格的履历表首先应内容完整、条理清晰，不拖泥带水，尽可能突出个人优势强项，在有限的空间里传达给招聘单位最需求的人才能力信息，满足其对人才的需求，为自己打下初步的认识与评估基础。

1. 个人履历的主要内容

（1）个人基本情况。个人基本情况是指姓名、年龄、性别、出生地（籍贯）、最高学历、政治面貌等。当然，并非任何情况都需要在简历中描述，比如没有必要将你的婚姻状况、子女情况、宗教信仰、种族、身高、体重、健康状况等写进简历。如果与工作没有直接关系的话，也无须将政治或职业上的关系写进简历。如果你在简历中写上了爱好或其他一些业余活动，建议删去那些可能被认为有危险性的活动。

（2）教育程度。按照履历表的次序，写清所读学校名称、专业、学习年限及相关证明等，让招聘单位迅速了解个人学历背景，以判断与应征工作的关联性。

（3）工作或社团经验。大学生一般都没有正式的工作经验，但常利用假期等空闲时间勤工俭学、兼职或积极参加各类性质的社团活动。我们可以在简历中充分提供在校期间的打工经验、社团经验，说明自己担任的职务、组织的活动以及特长等，供招聘单位参考。这些经验可能是短期的，但或多或少突出了个人的一些志趣、合群性、组织能力、协调能力、领导能力、成熟度等特性，所以备受招聘单位的重视。但要注意很多学生在个人履历中往往列举自己在学校期间所有的校园实践内容，完全不顾与招聘岗位职位需求的匹配度，结果反而会画蛇添足，失去工作机会。

（4）个人特长。无论是与你所学专业有关的特长或是单纯从个人兴趣发展出来的特长，只要是与工作性质有关的才艺，都应在履历表上列出。这将有助于招聘单位评估应聘者的特长与应聘工作的要求是否相符，是否能给工作的顺利开展带来推动作用。对于个人特长，个人履历中应清楚地列出，注意实事求是，不要夸大其词，但也不要过于谦虚。

（5）语言能力。在现代经济发展中，招聘单位向国际化迈进已成为不可阻挡的世界性发展趋势。作为一种必不可少的工作手段，外语能力也因此显得日益重要。尤其在某些大规模跨国公司，具备良好外语才能的人员很受欢迎。然而，如果你单纯认为凭借个人过硬的外语才能就可以平步青云，那就大错特错了。相比之下，招聘单位高层更看重工作人员的敬业精神与严谨踏实的工作态度。毕竟，外语能力只是一种必要技能，而你对工作的热忱与诚心才是最吸引招聘单位的部分。

（6）求职意向。求职履历上一定要注明求职的职位，以便于招聘单位了解你的志向追求，从而做出正确的选择。每份履历都要根据你所申请的职位来设计，突出你在这方面的优点，不能把自己说成是一个全才，任何职位都适合。大学毕业生要根据工作性质侧重地表现自己，如果你认为一家单位有两个职位都适合你，可以向该单位同时投两份履历。

（7）联系方式与备注。同上面所要突出的内容一样，履历中一定要清楚地写明怎样才能找到你。提供给招聘单位的联系电话、E－mail 等不要频繁变换，以免在招聘单位需要和你取得联系的关键时候无法迅速找到你。

2. 个人履历的写作标准

一份好的履历应该遵循以下写作标准：

（1）突出重点。写履历一定要采用倒叙的方法，从最近的时间写起，把与申请职位有关的工作经历进行主要描述，适当时可以采用加重的方式，凸显重要信息。如果履历的陈述没有工作和职位重点，或是把自己描写成一个适合于所有职位的求职者，你将无法在求职竞争中胜出。在履历中，大学生应重点陈述你性格上的最大优势，再将这些优势结合你的工作经历和业绩加以叙述，以争取更大的成功机会。从实际情况来看，招聘者对理想的应聘者也有要求，比如相应的教育背景、工作经历以及技术水平，这些硬件都是应聘者取得新职位的关键所在。

（2）简洁明了。一份好的履历不仅要有主题突出的经历，特色的包装和格式也是吸引用人单位的主要方面之一。大学生可以使用各种字体格式，如斜体、加粗、下划线、首字突出、首行缩进等方式，有重点有节奏地表达思想。有些求职者以为另类的履历会让人耳目一新，所以往往追求新奇的特色简历。除非你寻求的职位有些别样，否则履历最好还是以简洁为主，不要过于花哨。个人履历通常很简短，一般情况下不要超过一页纸，写得越多，并不代表你越优秀。招聘单位会收到很多份材料，工作人员不可能仔细研读每份简历，所以履历用词要简练。履历内容不可能描述你的全部，内容过多反而会淹没一些有价值的闪光点。履历过长的一个重要原因是有的学生把中学经历都写了上去，这完全没有必要，除非你中学时代有特殊成就。

（3）真实客观。求职履历一定要按照实际情况填写。即使有的人通过虚假的履历得到面试的机会，但面试时也会露出马脚。尤其是那些竞争非常激烈的招聘单位都会有好多轮面试，弄虚作假是过不了一轮轮的面试关的。履历不要作假并不等于把自己的一切，包括弱项都写进去，不写自己的弱项并不代表说假话。有的学生在求职简历上写道："我刚刚走入社会，没有工作经验，愿意从事贵公司任何基层工作。"这也是过分谦虚的表现，会让招聘单位认为你什么职位都适合，其实也就是什么职位都不适合。

（4）整洁清晰。个人履历的段落与段落、语句与语句之间如果写得太密，会影响美观，不易阅读。要将该空格的地方留出空隙，不要硬把两页纸的内容压缩到一页纸上。外地户口的大学毕业生，可以不在简历上注明户口所在地。这并不是要欺骗用人单位，只是没有必要将你的劣势毫无保留地表现出来。

（5）准确无误。如果一份履历数据错误或错字连篇，可以想象会带来什么样的后果。在履历中，大学生不要过多地罗列数据，连篇的数据往往让招聘单位忽略你的存在。另外，履历一定要认真写，招聘单位的人一看见履历上有错别字都会认为应聘者素质不够高。因此，语言（比如英语）文字表达不规范，语句过长，格式不标准是写履历的大忌。撰写时要打草稿、反复修改、斟酌，在确认没有任何错误后，再打印出来。如果你的简历写不好，用人单位就会认为一个连自己的求职简历都不用心的人，工作也不会用心。

(6) 求真务实。很多求职者在履历中表现个人能力时，爱用团结同事、能给公司带来如何如何的效益等空话、虚话。你在用这些语句的时候，其他的求职者也在用这些语句，因此丝毫显示不出你特有的能力。刚毕业的学生在履历中罗列所学课程时，只把主要的功课列出来即可，不要无主次地将几十门功课全部写出来。用人单位看重的是你的专业性，而不会关心你的基础课得了多少分。

（二）求职信

求职信是一种自我推荐的信件，它通过表述求职意向和对自身能力的概述，引起对方的重视和兴趣，是求职者向招聘单位所提交的一种信函。它不同于履历，因为履历强调一种客观的格式化和程序化的事实陈列，而求职信则可以是个性化和略带感性化的个人陈述。求职信能不能给用人单位留下深刻印象，引起他们的注意甚至重视，在一定程度上决定了毕业生的前途和命运。总的来说，通过求职信谋职的成功率是很低的。但是，有的人却“百发百中”，他们的奥妙就在于做到了使自己的求职信让对方“一见钟情”，甚至由此达到“非她不娶”的效果。

1. 分析招聘单位的择人准则

对招聘单位来说，他们一般喜欢下列类型的求职者：思想政治素质高、有事业心和责任感、具有艰苦奋斗精神、基础扎实、知识面宽、有团队精神、有奉献精神和创新精神。

而如下类型的求职者不受招聘单位的欢迎：成绩“优”而无其他专长的求职者、以自我为中心的求职者、大学时代学无所成的求职者、缺乏魅力的求职者、头脑简单的求职者、不善交际的求职者、身体状况欠佳的求职者、自我主张太强的求职者、志愿动机模棱两可的求职者。

2. **求职信的格式和内容**

求职信的格式与一般书信大致相同，即由称呼、引言、正文、结尾、附件、结束语等组成。

开头要写明招聘单位人事主管部门领导，如“某单位负责同志”。求职信的称呼往往比一般书信的称呼正规一些，在实际书写时要区别对待。如果明确用人单位的负责人，可以写出负责人的职务职称，如“尊敬的李教授”“尊敬的赵处长”“尊敬的刘总经理”等。

引言的作用一是吸引对方的注意力，二是便于自然而然地进入正题而不感到突兀。这部分的内容包括说明写信的原因和目的等。引言的形式有以下几种：①自我描述式开头：用一句话概括你最重要的求职资格和工作能力，并简要说明这些资格和能力能够满足求职岗位的需要。②提名式开头：提及一个推荐你前去且为用人单位所熟知和尊敬的人的名字，但千万不要给人盛气凌人的感觉。③应征式开头：说明你是在什么地方看到了目标单位的招聘广告，并肯定自己能够满足招聘广告中提出的各项要求。比如“据悉贵公司正开始拓展海外业务，招聘新人，且昨日又在《××晚报》上读到贵公司的招聘广告，故冒昧写信，前来应聘高级会计师一职”。很多用人单位对你通过什么途径了解到他们的招聘信息很感兴趣，这有利于他们掌握今后如何发布企业信息。④有针对性的开头：针对求职单位目前的需要提出你的设想，然后表明你真诚地希望成为他们当中的一员，同舟共济、荣辱与共。⑤赞扬式开头：赞扬目标单位近期取得的显著成就和发生的重要变化，表明你渴望成为中间的一分子。比如，“久闻贵公司声誉卓著，发展迅速，且产品深受欢迎，据悉贵公司正积极开拓新的业务领域，故冒昧写信，热切期望早日加盟贵公司，我的基本情况是……”⑥个性化的开头：从你的兴趣、爱好和已有的实际工作经验谈起（这些兴趣爱好必须是与今后岗位密切相关的），谈今后如有可能将在该用人单位如何努力工作。自我介绍一定要突出适合做这项工作的特长和个性，不落俗套，千万不能写“风马牛不相及”的内容，比如你本想应聘公关工作，却描述自己“文静秀气，喜欢阅读”等与公关工作无关的内容。⑦独创性开头：如果你有足够的想象力和独创性，并且保证这种独创不至于引起用人单位的误解和反感，那么你完全可以用一个新奇的，能够表现你这些方面才华的句子来做开头，打破常规、展现自我。

正文是求职信的主体部分，是求职信的重点。正文部分要简洁而有针对性地概述自己简历的内容，突出自己的特点，要从自己的专业知识、社会经验、专业技术、性格、特长、能力等方面向用人单位表明，他们需求的正是你这样的人，你有能力胜任这个岗位。正文一般要求说明求职信息的来源、应聘岗位、本人基本情况、工作成绩等内容。

综上所述，要注意以下问题：①任何一个方面的介绍都要始终围绕应聘岗位的需要；②你的知识结构、实践经验是否适应招聘岗位的要求（也就是你为求职的岗位做了哪些知识上、经验上的准备等）；③你在学业上和工作中取得了哪些重要成就，从而印证你所声称的资格和能力；④以实例证明你学习敏捷、工作勤奋、责任心强、乐观随和的天性；⑤不要光谈自己如何适应工作岗位的要求，应该提一下招聘单位的情况，表明对其已有所了解，并愿意去为之效劳；⑥要以成熟而务实的语气叙述，切勿夸大其词，自吹自擂；⑦关于薪金待遇的问题，不要在求职信当中涉及具体的数额，这些都可以留到面谈时再具体讨论商议；⑧求职应聘的简短理由，主要是表明自己对求职应聘单位的兴趣与要求。

结尾主要包括结束语、署名、日期、附件等。求职信的结尾应当写好结束语，表达出自己渴望用人单位给予面谈机会或表示面谈的愿望，内容要简明，语气要热情、诚恳，言语要有礼貌，如可以写“希望得到您的回音”“盼复”等，或留下本人的联系电话。通常在结束语后面还应写一些简短的表示敬意、祝愿之类的祝词，如“此致”“敬礼”“祝您身体健康、工作顺利、事业发展”“深表谢意”等。

署名部分应注意与求职信开头的“称呼”相一致，应写在结尾祝词的下一行的右后方。日期一般应写在署名右下方，最好用阿拉伯数字写，并写上年月日。

附件是指那些与求职信同时寄出的有效证件等，如个人简历、学历证明、外语等级证书和计算机等级证书以及各类获奖证书的复印件、近期照片等。最好有附件目录，这样既方便招聘单位的审核，同时也给对方留下一个“有条不紊，很负责任，办事周到”的好印象。

另外，处理求职信还应注意的事项：①信封、信纸要有所选择，署有外单位名称的信封最好不要使用；②字迹清晰工整，给人留下良好的第一印象。③篇幅要适中，不宜过长，文字以 1 000 字左右较为合适；④求职信是个人的公关手段，可以写得较有文采，但应实事求是，既不能过高地吹嘘自己，也不能过分自谦；⑤要留下自己的联系方法，如通信地址、联系电话等。

（三）其他材料

除了自荐信和个人履历之外，为了加深招聘单位对自己的印象，有时要进一步提供其他材料。

1. 学校提供的鉴定材料和成绩单

鉴定意见主要反映在毕业生推荐表中，有学校的评语、能否毕业推荐、培养类别及就业范围等。从学校角度出发，评语的作用：一是对社会和用人单位负责，以及考虑学校自身的影响，它能实事求是地反映毕业生的综合表现；二是有利于毕业生就业，找到一份较满意的工作，评语中据实表现的描述都会突出学生的个性特点等。这点对于用人单位和毕业生本人都具有一定的价值。

成绩单必须以学校教务部门盖章为权威，毕业生可根据用人单位的需要或求职的职位对某些相关课程的要求，提供有效的成绩单。有些省、市对成绩证明有具体的要求，如进入上海市工作的毕业生必须提供各个学期的所有学习课程的成绩。另外，如有辅修第二专业的学习成绩证书，如有需要也应提供。

2. 技能证书

技能证书反映了求职者某一方面的能力水平，主要有外语等级和计算机等级证书。另外，现在不少学生还有驾驶证、律师资格证等。

3. 荣誉证书

荣誉证书分为各类奖学金证书、荣誉称号证书以及参加重大竞赛的获奖证书等。有些人荣誉证书较多，可以挑选一些荣誉等级较高的。

4. 学校及学科专业介绍

目前，很多高校因合并而更名，不少高校有特色、有影响的专业学科，由于种种原因，招聘单位不一定十分了解，这时很有必要附上自己学校和学科专业介绍等相关资料。

5. 权威个人推荐材料

推荐信是大学生在求职过程中一个不可忽视的环节。这里所说的推荐信是指权威人士实事求是、认真负责地推荐。有许多大公司、企事业单位是比较重视这种推荐信的，而写推荐信的权威人士也十分珍惜自己的声望，真正的学者、教授或者某一领域的权威不会滥用别人对自己的信任做不负责任的推荐。

6. 招聘单位需要的其他材料

有的招聘单位需要身份证，有的需要特别政审证明。目前，欲进北京的应届高校毕业生就要单独提供本人为应届毕业生的证明书等。

以上材料的使用，要根据各招聘单位的不同情况有针对性地进行取舍。如果面见招聘者或亲自上门去推荐自己，材料可以准备充分一些，凡能反映自己各方面能力的材料尽可能携带齐全，而且最好带原件。若采取寄送自荐材料的方式，则应选择最有代表性的其他材料，一般先提供复印件，以免原件丢失。

二、自荐材料的个性化设计

（一）自荐材料个性化设计的特点

求职过程其实就是双向选择的过程，双向选择就是一种竞争，在竞争中关键是看你的实力。因此，过分谦虚会给意向单位留下虚假的印象，他们会以为你真的不行。

在自荐材料中，求职者推销自己与推销商品一样，就是要从“名”“特”“优”上做文章，塑造你的形象。自荐材料个性化设计的特征表现：人无我有，人有我优，人优我特。

1. 人无我有

大学毕业生不要因自己成绩不够优秀而怕影响求职，现在的招聘单位大多是以能力取人而不是以分数取人的。只要自己有与众不同之处，且如果你能在自荐材料中将它巧妙地表现出来，同样备受用人单位的青睐。

2. 人有我优

“人有我优”就是要注意突出重点，所谓重点就是那些能引起招聘单位的兴趣，有助于获得工作的内容，主要包括专业知识、工作经验、特长和个性特点等。

在介绍专业知识和学历时，择业者重点是要突出自己的工作经验和能力。工作经验是招聘单位最看重的部分，尽管大学毕业生资历浅，工作经验还不够，但并不能因此而气馁。无论社会实践，勤工俭学，打工兼职，担任班级或院、系、团学生干部，都可算广义的“工作经验”。写清楚你曾担任怎样的职务，获得过哪些成果，至关重要。

3. 人优我特

几乎所有的招聘单位都希望录用有良好个性的人，特别是喜欢充满热情和活力的大学生。因此，自荐材料要反映出你的热情与活力。我们可以用具体的事例直接表明自己是一个充满活力的人，如克服困难的意志、助人为乐的品格、努力积累工作经验的经历等。表现个性要适度，点到为止，不要过分渲染，更不能表现出消极被动的工作态度。个性品格描述尤其要强调自己的潜力和热情。

（二）如何编写个性化的自荐材料

1. 准确定位自荐材料

求职中，一份好的自荐材料能发挥很大的作用。

（1）自荐材料是书面的推销员。求职的本质与商业行为无异，一方求售，一方求购。招聘单位是买主，挑精拣肥、寻觅好货是它的发展之道，是它的本质；人才是商品，充实了内涵，做好了包装，待价而沽。自荐材料无异于推销员，将人才引到招聘单位面前，使出浑身解数说服招聘单位接纳。

（2）自荐材料是虚拟的求职者。自荐材料以书面形式，充分传达了一个人的学历、经历、专长、嗜好及其他。我们甚至可以根据材料书写的格式、排列逻辑、用语解读出撰写者的气质与内涵。自荐材料可以起到“未见其人、胜见其人”的功效。

（3）自荐材料是明察秋毫的检验官。自荐材料完整且浓缩地记录了个人资料，是求职者成长过程与学习生活的精彩缩影，必须忠实地呈现出求职者的背景细节、经验技术以及优势弱点。借着撰写自荐材料的这个过程，求职者还可以重新回忆自己的过去，从中审视求学过程中的收获和遗漏。在求职面试等诸多环节中，默记手中拥有哪些筹码，应该补充哪些缺陷，你便能够气定神闲，游刃有余。

2. 精心设计个人主页

为了让招聘单位全面了解你的情况，最好的办法是建立个人网站主页。一个制作精美的网站主页往往能体现求职者高超的计算机综合处理能力，包括文字处理能力、图像处理能力及信息综合处理能力。用人单位根据主页制作情况，便可对其电脑水平做出初步的评判，这比口头回答要真实、准确、直观得多。个人主页对求职者个人来说是如虎添翼，招聘单位可以随时随地访问，十分便捷。可能的话，求职者还可以将专业介绍、学校概况、个人详细履历、家庭环境等内容全面放入个人主页，让用人单位对自己有一个更为全面、深入的了解。

3. 给外企一份地道的简历

海外名企无疑是许多求职者的首选。那么针对这些外企，我们的简历是否会有一些特别的禁忌呢？以下提供的技巧及建议将使你避免失误，增加求职的机会。

（1）英语国家：遵循严格的方式。在英语国家（美国、英国、澳大利亚等），人们喜欢干脆利落，开门见山，简单明了，因此你可以在履历开头就明确写出求职目标，并写上一些精确的信息、具体的时间以及体现你特定方面能力的具体数字或你为原来所在工作部门赢得的利润额等。

另外，求职简历的末尾最好写上自己将会在某一时间打电话以确定是否可能得到面试机会。同时，在面试过后，千万不要忘记写信给面试人，对其接待表示感谢。他们对应聘人员的做事方式及求职方式非常看重。对他们来讲，这些都能显示出你的工作能力。

（2）欧洲国家：慎谈年龄。在欧洲国家，人们非常看重年龄，因为某些职业是有年龄限制的。因此，在参加欧洲国家的面试时，你对年龄和经验的描述应当谨慎。另外，有些欧洲国家会有一些特别的习惯，例如法国、意大利及德国 90% 的招聘单位内部流行笔迹测试，若你的求职信不是手写的，某些公司甚至会拒绝阅读。

把履历寄给外国公司时，履历应当容易理解，且在文化上应为招聘单位所接受。一定要在履历中用你的经历向招聘单位证明你会很容易融入这家公司。比如你感兴趣的是 IBM 的某个职位，那你一定要让人感觉到你的稳重、严谨和协作精神；若你感兴趣的是微软的某一个职位，那你不妨张扬一下你的个性。

如果要上网发履历，你最好把履历表做成 PDF 格式，这样一般不会出现乱码和错误。你可以使用一些网上流行的交流符号，最好先脱机校对一遍你对面试问题的回答，然后再发给招聘单位是再好不过了。和普通信件一样，履历中出现语法或拼写错误都会对求职者大大不利，且应注意文字的语气，应当像面对公司面试人员一样稳健、有礼貌。

邮寄信件时也应注意小节，认真填写对方要求在信封上说明的应聘职位或编号，以最大限度地方便用人单位。避免用标有公司名称的信纸、信封回函或邮资已付的打印笺，这种侵占公司利益的形象在西方是尤为禁忌的。

4. 英文求职信——打入外资公司的敲门砖

应聘外资单位，往往要写英文求职信。可是写英文书信与写中文书信是有区别的，以下几点在英文求职信中要注意：①英文求职信的格式和标点符号；②英文往往一词多义，要准确运用，语言要庄重；③无论手写或打印的信，在打印姓名的上面，必须用笔亲自签名，以表正式；④如要邮寄，注意信封的写法。

5. 多媒体简历

庞武是××大学电子专业的一名学生，今年他参加应聘时递给招聘公司的仅仅是一个U盘，里面有他精心制作的简历、求职信，鼠标轻轻一点就自动翻到下一页，阅读起来非常方便。此外还包含了自己平时的一些专业设计，甚至还有flash动画，一段动画中一个活泼的小男孩眨着大眼睛，变换着手中的内容向观看者介绍自己的学习、实习经历等。而在个人网页部分，则包括了自己喜欢的部分书籍、音乐等。他说，这样的简历容量非常大，形式也比较生动活泼，容易吸引招聘单位的注意，成功率较高。尽管是“新花样”，但这样一个U盘成本并不高，庞武说，如果只算花费，不会超过10元。

多媒体简历是这一两年才流行起来的，许多电子、计算机专业的学生逐渐采取这种求职方式。有不少学生就是凭借这种方式被招聘单位记住并接受的。作为一种时兴的利用网络求职的方式，多媒体简历可以将每个学生的气质、性格、自信心、语言能力、外语水平等进行很好的展现，这样每个学生的优势和不足就会一览无余，招聘者可以较快找到最适合的毕业生，毕业生也就有机会快速找到最适合的职位。多媒体简历的出现被很多大学毕业生称为新的求职“敲门砖”，越来越受到大学毕业生的青睐。但是，多媒体简历虽然声画并茂，具有形象直观、材料生动等优点，却有一个缺点，即声画转瞬即逝，因此想取代传统的纸质简历还很难。两种简历要取长补短，最好的方式还是相互结合，这样就最大限度地满足了招聘方的需求。

第四节　大学生就业面试的内容及技巧

一、面试的种类和内容

（一）面试的种类

1. 压力式面试

由主考官有意识地对求职者施加压力，就某一问题或某一事件做一连串的发问，详细具体且追根问底，甚至有意刺激应试者，以观察应试者在突如其来的压力下能否做出恰当的反应，观察其心理承受程度和思维的敏捷、机智程度以及应变能力。主考官会反对你的观点，或阻挠你得出结论，提一些刁钻古怪的问题，然后看你是能镇静地坚持己见，还是因惊慌而放弃自己的观点，或胡乱回答这些问题。

2. 能力式面试

能力式面试由主考官通过多种方式综合考查应试者多方面的才能，通常采取以下几种方式：①任意写一段话。主考官不加任何限制，任意让应试者写一段话。这样做的目的是观察应试者的字写得是否工整、流利，同时考查其临场发挥能力。②分析一段文章。为了考查应试者的口头表达能力和分析判断能力，主考官让其分析文章，现场观察应试者的分析、归纳、综合演讲能力。③现场操作。为了了解应试者的实际机器操作水平，比如招聘 IT 人才，主考官往往请应试者当场用计算机进行一些演示或文档处理，有时甚至进行软件设计，现场考查应试者的计算机操作能力。

3. 情景式面试

情景式面试是指由主考官事先设定一个情景，在这个情景中预设几个问题，让求职者进入角色模拟完成。通过完成的效果来考查应聘者在分析问题、解决问题以及应变等方面的综合能力。这项面试不仅要求应聘者有丰富的专业知识，还要具备良好的综合素质。其形式既可以是由主考官对应试者提出一个问题或一项计划，请应试者予以完成解答，目的是观察应试者在特殊情况下的表现，判断其解决问题的能力；也可以是由主考官围绕选拔人才的要求预先准备好若干题目，当应试者进入正常面试状态时，逐一提问，目的是获得应试者全面、真实的材料，观察应试者的知识面、能力、谈吐和行为、仪表风度等；还可以是主考官引出与面试内容关系不大的话题，与应试者海阔天空地交谈，让应试者自由发表看法，尽量使应试者情绪放松，自我调节到正常状况之下，然后再进入主题提问。

4. 考察交流式面试

一些用人单位为了扩大对外宣传，免费邀请应试者实地考察。在实地考察期间，对方热情做好接待服务工作，频繁地与应试者双向交流，考察毕业生的内在素质和综合能力。有些用人单位将企业的发展蓝图展示在高校毕业生面前，考察应试者对新事物的接受能力。还有些企业将工作中的疑难问题提出来，请高校毕业生献计献策。总而言之，实地考察时将应试者放到现实社会中加以考查，用人单位和应试者彼此双方的情况都了解得更详细、具体、全面。

以上几种类型在实际面试过程中，主考官可能只采取其中一种进行面试，也可能同时采用几种方式进行面试。有时面试按照事先设计好的步骤进展到三分之二，主考官会突然转向漫无边际或紧迫式的面谈，这是招聘面试中的一种战术。

（二）面试的内容

用人单位从不同侧面了解应试者的业务水平、道德素质以及综合能力，都是选拔人才的基本内容。正如上面所说，面试的内容并不是整齐划一、固定不变的，它往往从不同角度，根据用人单位的需要，以不同的内容进行考查，而且即使考查也并不是完全模式化的或者事先安排的，这些内容很可能是随机的。根据面试的一般情况来看，内容大体分为以下几部分：

1. 个人的基本情况

个人的基本情况往往在个人履历中已经包含，但在面试时，用人单位往往还是愿意让毕业生重新加以复述并针对其中的一些疑问或者细节，让毕业生予以解释、阐明。这样做一方面是为了更加直观地了解毕业生的个人情况，另一方面也是为了探明毕业生所提供的个人资料的真实性。对于广大毕业生而言，尤其棘手的是以前所掌握的知识或者获得的荣誉在面试时由于自己没有长期积累或者复习而使得个人能力与之不相称。譬如一些已经通过英语六级、专业八级，或者获得雅思、托福高分尤其是口语高分的学生，往往在用人单位面前用口语进行自我介绍时吞吞吐吐，这是应试者必须引起高度重视的问题。

因此，毕业生在做自我介绍时切忌盲目夸大，要根据个人目前的客观情况，做出对自己中肯的评价。此外，表达清晰性和逻辑性是应试者需要重视的地方。要使用人单位在较短的时间内了解你，对你产生兴趣，那么，自我介绍时就必须善于把握重点，力求简明扼要。

2. 应聘动机

在介绍完个人的基本情况后，用人单位几乎都要向应试者提出“为什么你要应聘这份工作”“你为什么想加入本单位”“你加入本单位的目的何在”等种种类似问题。通过应试者的表述，用人单位能初步了解应试者来本单位工作的目的和动机，进而通过前后语句的比照，能够充分考查毕业生的工作态度是否端正，工作计划是否长远，是否适合本单位培养，是否有培养前途，能否在本单位长期工作等。为了考查应聘动机，用人单位有时会实事求是地反映本单位的问题，如福利待遇偏低、工作强度较高、工作责任较大等现状，以试探应聘者是否真心诚意来本单位工作。一些毕业生应聘动机不纯洁，经受不住考验，听到这些情况就开始退却，一下子就被用人单位看穿，从而使得面试成功率大大降低。因此，毕业生必须在面试前做好充分的调查、准备，以平衡的心态面对用人单位所提出的各项问题。

3. 综合素质和能力

考查毕业生的综合素质和能力毋庸置疑是每个用人单位的重点所在。招聘具有极大的功利性，每个用人单位都希望能招聘到实用、踏实、刻苦并富有业务技能与素质优秀的人才。这些素质和能力并不是一朝一夕能培养出来的，这也是很多用人单位习惯招聘具有工作经验的人的原因。具有工作经验的人一般情况下已经初步具有了这些素质和能力。综合素质面试内容主要分为以下几个方面：①思想政治素质；②深厚的专业素质；③社交能力；④敬业精神和团队精神；⑤心理素质。

二、面试前的准备工作

求职面试这种考核形式改变了长期以来沿用的档案看人，以一卷定终身的单向的、静态的传统考核方法，在面试者与应聘者之间建立起一座沟通了解的无形桥梁，使用人机构能够多维地、动态地、直接地考核，了解应聘者的资历、能力、志向、个性、事业心、责任感及职业目标等等，然后做出是否录用的决定。求职者亦可通过面谈了解用人单位的情况，最后做出是否签约应聘的决策。因此，求职面试对于招聘、应聘的双方都意义重大。

（一）了解招聘单位的相关情况

面试前首先应了解单位的有关情况，如性质、隶属关系、业务范围发展状况、薪金制度等，切不可在面试一开始就向用人单位提出这样那样的问题，反客为主。这说明你对该单位毫无了解，很容易引起招聘者的反感。主考官提问的出发点，往往与招考单位有关，毕业生参加面试之前，要尽可能多地搜集资料，对用人单位的历史、现状、性质、规模、业务、产品、服务、企业文化、经营业绩、发展前景等要有所了解，掌握用人单位对人才的需求与使用情况等。如果你对用人单位比较熟悉，说明你对这个用人单位重视，有好感，将来工作会有较高的积极性，同时说明你对面试十分认真。若是对招聘单位一无所知，即使你其他条件都不错，也很难引起用人单位的兴趣。

那么怎么样才能详细了解用人单位的情况呢？我们可以借助大众传媒、报纸、杂志、广播电视等工具收集信息，可以通过你的亲友、同窗或社交活动，了解用人单位的相关情况，还可以从人才交流中心了解情况。

其次，面试前应确定求职目标，分析可行性。现在许多用人单位在面试录用时要与求职者签订合同，即规定在几年内不得脱离该单位，不许“跳槽”。如果你想工作以后再考研究生，那么签订10年合同就延误了你的报考时机。所以，你的目标应根据你的具体情况而定，必须明确，不可含糊。还有，你到该单位后是从事哪方面的工作，在面谈之前也要心中有数。另外，在面谈之前，你得分析一下目标是否可行。比如王某是一名定向研究生，毕业后想去一家外资企业工作，可行性就不太大。因为定向生原则上应该回到定向单位工作。又比如李某本来是学哲学的，但他对电子计算机感兴趣，想去工作单位搞计算机软件的开发研究，可行性也不是很大。所以，在进行可行性分析时，择业者一般要考虑到各种限制。如果不可行，即使你与单位费了半天口舌，也很难达成协议。只有可行，你才可以去进一步谈判。

（二）面试前的基本情况准备

大学毕业生在面试中进行口头自我介绍时，应当做好充分的准备。要准备简要的自我介绍的腹稿，勤加练习，做到口齿清晰，有条不紊。

自信地应对面试，首先要对自己有清楚的认识。你可以列出几件自己认为可以称得上成功的事情，并逐一分析这些成就，但要注意表达的语言应简短、清楚、准确，不要漫无边际地瞎扯。

另外，介绍自己时不能光讲优点，不讲缺点，有时把缺点说得恰到好处，会起到事半功倍的效果。例如，某毕业生在几位考官面前介绍自己时，他先是介绍自己的缺点，然后介绍自己的优点，一下子得到面试考官的好感，立即让面试官产生了该生诚恳、谦虚、实事求是的印象。

（三）面试前的心理和知识准备

面试时要注意招考单位提出的要求，携带必备的证件材料。考前还要注意休息和睡眠，以便有充沛的精力应试。除了一些事务性的准备工作之外，面试要着重准备好以下几方面的问题：

（1）锻炼交流协调能力。面试者面试前，要将需要表达的问题进行重点和一般分类，按前后次序加以整理归纳，以此来提高面试效果。在面试前，我们可以有针对地加强语言表达能力的训练，逐渐养成与陌生人自如交谈的心态。

（2）要牢记报名表、履历表所填的内容。表上的内容，通常被主考官用作面试的资料。当主考官提问时，如果你的回答与表上所填内容不一致，会让人感觉随随便便，对面试不够重视，给主考官留下不好的印象。

（3）准备回答应试的动机，要把自己应聘的诚意及今后认真工作的愿望表达出来。如果应试者对这个问题含糊其词、胡乱敷衍或回答错误，那么主考官就会怀疑面试者是否有诚意，或者将来能否认真工作等。

（4）要至少能讲出三条以上自己的优点。为了更好地进行自我宣传，要对自己的优点认真准备，反复斟酌。要做到既不虚夸又能充分表露自己的才能，既具体又不长篇大论，反复练习表达，直到能流利表述为止。

（5）要熟悉时事政策。有的主考官问到时事政策方面的问题，是想通过提问考查你对国际、国内大事和一些重大政策是否关心，以及对这些问题的看法。这是测试综合能力的方式之一。你若经常上网、听广播，只需摘记有关要点。若没有上网的习惯，最好在面试前的一段时间天天上网，听听新闻联播，看看《人民日报》的社论、评论，记其要点，再记一些重要新闻。

(6) 要调整心态。只有展现自己的自信与保持良好健康的心理素质，才能在面试过程中应对自如。首先，面试需要求职者保持常态；其次，面试前打有准备之仗是保证面试成功的基础，机遇总是留给有准备的人。要在专业知识、口头表达、性格表露、人际关系、团队合作、敬业精神、仪表装扮等方面逐项做好充分准备。面试时以自己曾经做过的较为成功的事例来衬托和展示自己的才华，使主考官对你产生兴趣，并留下深刻印象。

(四) 面试前的仪容与服饰准备

日本松下电器公司董事长松下幸之助在日记里记述着一件往事：年轻的松下幸之助在一家著名的企业里任推销员。有一次，在理发店里，理发师毫不客气地批评他的邋遢："你出去推销产品，代表的是公司的形象，你这样不注重仪表，客户会信任你吗？会买你的产品吗？"这件事给了他很大的震动，从此他就开始重视自己的仪表。

毕业生吴昊是某学院的硕士研究生，该生颇有才华，大学期间便有多幅作品在省市竞赛中获奖。小吴对自己的才华也自视很高，为了显示其艺术天才的风度，他平时不修边幅，还特意留起了长长的头发，并染成黄褐色，穿着破破烂烂的牛仔服。小吴把自己的求职目标定位在高校教师。临近毕业，他和其他同学一样，东奔西跑、四处求职，用人单位去了不少，许多用人单位对他的材料很感兴趣，他也参加了好几次面试，但都没有下文。他眼看周围的朋友一个个签订了协议书，自己也不禁着急起来。一天，他来到就业指导中心进行咨询，张老师在看完他的自荐材料、了解他的求职意愿、问了一些面试的细节后，建议他剪掉自己的长发，重新塑造自己的形象，并让他留下求职材料，答应有机会为他推荐就业单位。

小吴虽然口头上答应了，但内心却不以为然，他心里想：用人单位看重的是我的能力和才华，我留长发与他们何干？再说这头长发已留了几年，要一下子剪掉，还真有点舍不得。很快，他就把老师的忠告抛到九霄云外。这一天，又有一所大学来学校要为新成立的绘画专业招聘教师，就业中心的张老师拿出了小吴的自荐材料，来人看了自荐材料，听完了推荐介绍后，觉得小吴很有才华，提出要进行面试。但当小吴来到面前时，几位前来面试的招聘领导流露出失望的表情。在小吴离开后，就业中心的张老师又给用人单位的领导进行了耐心的解释，并希望他们再给小吴一次面试的机会。然后又和小吴进行了认真的交谈，告诉他用人单位的疑虑，并对他说："作为一名研究生，你有才华，但是你在面试时给人的第一印象是非常重要的，尤其是教师职业对人的形象要求更高。你一个男生留一头褐色长发，很容易给用人单位留下不好的印象，甚至怀疑你的品行。"小吴这回不敢再怠慢，回去后就理了发，并穿了一套整洁的西装前来面试。过了不久，小吴高兴地来到学校指导中心，告诉张老师说他已收到了该所大学签订的就业协议书，他十分感激张老师对他的帮助和提醒。

合适得体的衣着打扮对求职的毕业生来说不是件小事。穿着打扮反映着一个人的修养、气质和风度，甚至折射出一个人的价值观和生活态度。在求职面试过程中，它往往影响主考官对毕业生的第一印象。衣着不整、蓬头垢面会被认为是邋遢，过于前卫的打扮会使人感到不可信任。因此，面试前毕业生应注意自己的着装打扮。

三、面试时的应答技巧

（一）表达把握重点

应试者在确认提问内容以后，回答问题时，先将自己的中心意思表达清晰，然后再做叙述和论证，这样可以让主考官产生一种条理清楚、有理有据、简洁明了的面试效果。如果在简短的时间内进行长篇大论，不仅会将主题冲淡或漏掉，还会使主考官感到厌烦。如某高校毕业生面试时分析自己的优缺点，采取倒叙法，先分析自己的缺点，再谈自己的优点，简明扼要，这样立即给主考官留下谦虚坦诚、不回避缺点的良好面试印象。主考官本来就想了解面试者能否一分为二地看待自己，应试者此时若能抓住自己主要的优缺点，进行简单扼要回答，就能提高面试成功的概率。

（二）答题实事求是

面试遇到自己不知、不懂、不会的问题时，应试者采取回避闪烁、默不作声、牵强附会、不懂装懂的做法均不可取。“知之为知之，不知为不知”，诚恳坦率地承认自己的不足之处，反倒会赢得主考官的信任和好感。

（三）凸显个人特色

主考官在多次的面试中，相同的问题肯定问过若干遍，类似的回答也听过无数回，因此，难免会有乏味、枯燥之感。只有具有独特的个人见解和个人特色的问答，才能引起主考官的兴趣和注意，但不要自吹自擂，急于推销自己。面试时如果想要凸显自己的特长，一定要结合具体的例子来充实自己，这样才能给主考官加深印象，一味地讲套话就显得空洞乏味，最后只能给主考官留下平庸的印象。

（四）面试应注意的其他要点

1. 面试的礼貌与仪态

应聘者以礼貌和良好的仪态给招聘者留下美好的印象，是面试成功的重要因素。

（1）面带微笑。微笑表示欣赏对方的盛情，表示领略，表示歉意，也表示赞同。微微一笑可以缩短双方的心理戒备，创造良好的面试气氛。

（2）谦和热情。谦和是对他人的敬重，是一种友好的表达，必然收到友好的回报。充满热情，必然给人以精力充沛、富有生机和自信的感觉。应聘面试切忌含糊其词、吞吞吐吐，也忌信口开河、卖弄自己。

（3）无声语言的魅力。无声语言包括表情、目光、面部各种器官的动作、手势、体姿等。无声语言的良好运用，会使招聘者产生好感，给招聘者留下深刻的印象，是应聘者成功的重要条件。

表情是人心理状态的外在表现，是人的大脑皮层受到外界各种客观事物刺激后在人体外部的一种情感体验，应试者在面试时应当充分运用丰富的表情来表达自己的思想感情。

面试时的目光也很重要，游离的、善变的目光会让主考官认为这个人不老实。有的人在谈话过程中始终不敢抬头，眼睛不敢往上看；有的人目光过于向上，时时翻着白眼；有的人虽然目光位置没大毛病，但却不敢与主考官对视，一有对视，马上躲闪，显得很不自信。正确的方法是：将目光集中在主考官眼睛与嘴巴之间的三角区域上，这样会令人觉得毕业生对他的话十分重视。不时与对方对视交流，交流时目光应坚定、自信，显示出英气勃勃。

面试时全身放松，不需要正襟危坐，以免肌肉紧张，不受控制。调整好呼吸，千万不要喘粗气。如有必要，可以改变自己的坐姿，没必要总是保持同一种姿势。在任何情况下，应试者都应等候主考官的指示或到指定的座位坐下，尽量避免翘腿。大多数情况下，面试双方会隔着一桌而坐。但假如没有桌子，毕业生就应该与主考官保持1米左右的距离。若因双方距离太近而令主考官感到自己的“区域”受到侵入，就有害而无益了。

2. 语言表达艺术

面试时，你的语言表达艺术标志着你的成熟程度和综合素养。对应试者来说，掌握语言表达的技巧无疑是重要的。那么，面试中怎样恰当地运用谈话的技巧呢？交谈时，应试者要注意发音准确，吐字清晰，语言流利，文雅大方。为了增添语言的魅力，应试者应注意修辞美妙，不能有不文明的语言出现。在面试过程中，应试者要控制讲话的速度。讲话速度过快往往容易出错，甚至张口结舌，进而导致思维混乱。讲话速度太慢，则给人一种缺乏激情、气氛沉闷的感觉。面试时，应试者要注意语言、语调、语气的正确运用。语气是说话的口气，语调是指语音的高低轻重配置，应试者要掌握语气平和、语调恰当的表达技巧。打招呼问候宜用上语调，加重语气并带拖音，以引起对方的注意。自我介绍时，最好用平缓的陈述语气，不宜使用感叹语气或祈使句。声音的大小要根据面试现场的情况而定。群体面谈时以每个主考官都能听得清你的讲话为原则。回答主考官的提问除了表达清晰以外，适当的时候插入幽默的语言可增加轻松愉快的气氛，尤其是当遇到难以回答的问题时，机智幽默的语言会显示自己的聪明才智，有助于化险为夷，并给人以良好的印象。

3. 进场面试须知

在进门面试时，如门关着，应先轻轻敲门，得到允许后再进去，开门和关门动作要轻，以从容、自然为好。见面时，要向面试考官主动打招呼问好致意，招呼应当得体。当主考官没有邀请你坐下时，切勿急于落座。主考官请你坐下时，应道声“谢谢”，坐下后保持良好的体态，切忌大大咧咧，左顾右盼，以免引起主考官的反感。

主考官对应试者的总体印象往往取决于应试者最初的表现，所以初期你必须面带微笑，等待主考官的提问，同时要表现出兴致勃勃、信心百倍的精神状态。

4. 面试后的工作

在面试后的一两天内，应试者必须给招聘单位某个具体负责人发一封电子邮件或写一封信。在信中应该感谢对方为你所花费的精力和时间以及提供的各种信息，简单地谈谈你对公司的兴趣以及可以帮助他们解决的一些问题。如果两周之内没有接到任何回音，你可以给主考官打电话询问“是否已经做出决定了”。这个电话可以表示出你的兴趣和热情，也可以从对方口气中听出你是否有希望成为公司的一员。

第五节　大学生就业协议的签订和劳动权益的维护

很多情况下，大学毕业生对如何行使、保护自己的权利，同时应承担哪些义务，发生争议时如何解决等一无所知，严重影响了大学生就业的质量。大学毕业生必须知法、懂法，学会运用法律武器来保护自己，避免上当受骗。本节从介绍就业协议的内容入手，谈谈如何签订就业协议书，就业协议与劳动合同的关系，签订就业协议书时应注意的问题，以及如何保护就业权益等。

一、就业协议书

（一）就业协议书的概念及作用

就业协议书是指用人单位、毕业生两者之间的义务和权利的书面表达形式，是由毕业生本人、用人单位和毕业生所在学校三方共同签订的，约定用人单位接受该毕业生、毕业生本人自愿毕业后到该用人单位工作并由学校鉴证的一份具有法律效力的文件。

就业协议书分为《全国普通高等学校毕业研究生就业协议书》和《全国普通高等学校毕业生就业协议书》，由教育部和省级毕业生就业工作主管部门统一印制，使用的对象为各普通高等学校大专层次以上的国家统招计划内毕业生。

签订就业协议的主要目的包括：①合理使用人才，保护毕业生和用人单位各自的权益，充分发挥人才的作用，调动毕业生与用人单位的积极性；②是学校制订、国家审批毕业生就业计划的依据。

（二）就业协议书的内容

按《普通高等学校毕业生就业工作暂行规定》的要求，为维护国家就业计划的严肃性，明确毕业生、用人单位、学校三方在毕业生就业工作中的权利和义务，经协商，毕业生、用人单位、学校三方签订如下协议。

（1）毕业生应按国家规定就业，向用人单位如实介绍自己的情况，了解单位的使用意图，表明自己的就业意见，在规定的时间内到用人单位报到，若遇到特殊情况不能按时报到，需征得用人单位同意。

（2）用人单位要如实介绍本单位的情况，明确对毕业生的要求及使用意图，做好各项接收工作。凡取得毕业资格的毕业生，用人单位不得以学习成绩为由提出违约，未取得毕业资格的结业生，本协议无效。

（3）学校要如实向用人单位介绍毕业生的情况，做好推荐工作，用人单位同意录用后，经学校审核列入建议就业计划，报教育部批准，学校负责办理派遣手续。

（4）学校应在学生毕业前安排体检，不合格者不派遣，本协议自行取消，由学校通知用人单位。如用人单位对毕业生身体条件有特殊要求，原则上应在签订协议前进行单独体检，否则以学校体检为准。

（5）毕业生、用人单位、学校三方如有其他约定，应在备注栏注明，并视为本协议书的一部分。

（6）本协议经各方签字、盖章后生效。三方都应严格履行本协议，若有一方提出变更协议，需征得另两方同意，由违约方承担违约责任，并在备注栏注明。

（7）本协议一式三份，毕业生、用人单位、学校各执一份，复印无效。

二、签订就业协议书

（一）签订就业协议的方法

签订就业协议是毕业生就业过程中的必要环节，必须由学校、毕业生、用人单位三方共同签署方可生效。因为就业协议是明确在就业过程中毕业生和用人单位双方权利和义务的协议，涉及毕业生的切身利益，具有法律约束力，所以毕业生在签订就业协议时要注意：①用人单位的资格；②条款内容的明确度；③与劳动合同的衔接性；④解除协议的条件；⑤签订协议的程序；⑥签名。

（二）签约时的心理调适

如果毕业生确定了用人单位，对方也明确表示愿意录用，毕业生就可以与用人单位及母校签订协议书。该协议书一旦签订，便视为合同生效，不能随意更改。面对求职择业过程中的这一关键问题，许多大学毕业生瞻前顾后，举棋不定。有的则在盲目签约后又后悔不迭。那么，大学生应如何调整签约时的心理状态呢？

1. 冲突心理的调整

一些毕业于名校的大学毕业生往往为多家用人单位所青睐，因而常常接到两个或两个以上用人单位的签约邀请。一旦出现这样的局面，许多毕业生便茫然不知所措，徘徊不定，甚至采用抓阄的荒谬办法来决定自己的最终去向。面对这种情况，大学毕业生应对各家单位与自身实际情况再做一次充分评估，仔细考虑一下自己的择业目标和职业生涯发展规划。

2. 懊悔心理的调整

一些大学毕业生在签约前，急于求成，草草签约，而一旦签约又后悔不已。尤其是在了解更多的择业信息或得到条件更好的用人单位的签约邀请后，更是捶胸顿足，懊丧不已。沉浸于懊悔之中，不仅无益于毕业生自身的身心健康，更会严重影响自身与用人单位之间的合作。其实，大学毕业生应当有一种终身流动就业的心理，任何事情都不是一成不变的，只要自己不放弃，今后随着实力的增长，就可以得到更好的工作机会。

3. 冲动心理的调整

毕业生在求职择业中，普遍存在着急躁、焦虑情绪，而一旦接到用人单位的签约邀请，或担心用人单位反悔，便忙于签订协议书。其实，这种急于求成的心理是最要不得的。在接到签约邀请后，大学毕业生首先考虑的问题应是：我真的喜欢这个工作吗？我的知识和能力能适应这个工作吗？这个工作是我的最佳选择吗？在对上述三个问题做出充分的思考后，再签约也不迟。

（三）违约手续的办理

就业协议书签订后如果有一方反悔的，就叫作“违约”，违约必须按照一定的程序办理，同时违约方应当承担违约的责任。

按照就业协议书有关规定，一方违约的，应当向另两方承担违约责任。违约的具体责任如何承担，可以在就业协议书中约定。学校对毕业生的违约行为一般采取收取违约金的经济手段予以制约。如果用人单位违约，学校主管毕业生就业工作的部门同样会出面要求用人单位按照所签订协议给予毕业生赔偿。

毕业生如果确有特殊原因需要违约的话，可按照下列手续办理。首先向已签约的用人单位提出违约申请；其次经用人单位同意后，向用人单位承担违约责任，交纳违约金或承担其他法律责任；最后，将用人单位同意违约的信函和已签订的就业协议书交到学校毕业生就业工作部门，经审查并向学校承担违约责任后，再领取新的就业协议书。

三、劳动合同及相关法律问题

每年都有大量的大中专毕业生和用人单位达成形形色色、内容各异的合同、协议，其中，不注重法律规范性的约定大量存在，引发纠纷的概率很大。纠纷一旦发生，不仅会使毕业生或者用人单位的利益受损，还会给学校和就业管理部门带来巨大的压力，而这已经成为困扰毕业生、学校、用人单位和就业管理部门的一大难题。

（一）劳动合同

高校毕业生就业时，与用人单位签订的劳动合同、就业协议书以及其他的一些书面约定，都是重要的法律文件，对其性质和相互关系一定要搞清楚。目前高校使用的就业协议书并非等同于一般的劳动合同。劳动合同指的是劳动者和用人单位确立劳动关系，明确双方权利义务的协议，一般要以书面形式订立，写明合同期限、工作内容、劳动保护和劳动条件、劳动报酬、劳动纪律、合同终止的条件、违约责任等条款。

1. 劳动合同的内容

一切关乎劳资双方权利义务的约定都是劳动合同的内容。劳动合同期限可分为有固定期限、无固定期限和以完成一定的工作为期限三种形式。一般来说，劳动合同的内容大致可分为工作内容、劳动保护和劳动条件、劳动报酬、劳动纪律、违反劳动合同的责任等方面。

工作内容指在合同有效期内所从事的工作岗位及工作要求，双方在约定工作岗位时可以同时约定岗位变化的条件和方法。劳动保护和劳动条件指为保障劳动者在劳动过程中的安全、卫生、健康，用人单位根据国家有关法律法规而采取的各项保护措施。劳动报酬是双方约定的工作报酬，包括劳动者的工资、奖金、津贴等，劳动报酬支付的形式和支付日期等内容。用人单位在支付劳动报酬时，不得违反国家法律法规和规章的有关规定，必须以现金支付（用信用卡支付也可以），不得低于国家规定的最低工资标准。劳动纪律包括企业的规章制度、劳动纪律等内容及其执行程序，即劳动者在劳动过程中必须遵守的工作秩序和规则，是用人单位组织生产经营活动，完成规定任务的条件保证，是劳动者必须履行的义务。劳动合同终止的条件是劳动合同期满自然终止或双方在劳动合同中事先约定提前终止的客观事实条件出现。违反劳动合同的责任指劳动合同一方当事人不履行或者不完全履行劳动合同，以及违反《劳动法》及其他法律、法规和规章的有关规定，应当承担相应的法律责任，主要为经济赔偿责任。

2. 劳动合同的效力

从法律角度讲，劳动者在合同上签了字，则表示自己对这份合同的认可，并愿意遵守和履行这份合同的行为。如果拿不出用人单位在签合同时，采用了胁迫或欺诈的证据的话，就只能认定这份合同的签订为自己的真实意愿所为，不能主张合同无效。因此，大学毕业生与用人单位签约应慎重。大学毕业生作为具有完全民事行为能力的人，应该为自己的行为负责。

（二）就业的相关法律问题

首先，从签订就业协议的主体上来看，就业协议的签订须由毕业生、用人单位、学校三方共同在就业协议上签字盖章才能生效。学校作为签订就业协议的一方主体，具有双重主体的身份。一方面，学校是以平等主体参加到签订就业协议中来，并按照签订就业协议书的规定和程序签字盖章。另一方面，学校是以管理者的身份对就业协议进行审查，符合政策规定的予以签字盖章，使就业协议生效；不符合政策规定的，不予以签字盖章，就业协议不能生效。

学校的这种作用实质上是一种行政干预，是行政管理的体现，这是因为：①我国现行的高等学校毕业生就业制度仍然具有计划性，也就是国家还要对毕业生的就业流向实行宏观控制，国家要通过对毕业生就业计划的审批控制毕业生的流向，这是一种行政管理行为；②由于教育部等就业主管部门的授权，学校对签订的就业协议进行监督、管理，并负责制订毕业生建议就业计划；③毕业生在择业过程中，虽然主要是毕业生的个人行为，但是学校的声誉对毕业生的择业起到了十分重要的作用。上述原因导致在签订就业协议时，学校与毕业生、用人单位的主体地位是不完全平等的。由于学校有管理职能和维护学校声誉的权利，学校的主体地位高于毕业生和用人单位的主体地位。

其次，从就业协议的客体上来看，毕业生、用人单位、学校三方共同达成的一致意见是毕业生愿意到用人单位就业，用人单位同意录用毕业生，学校经审核同意。所以，签订就业协议主要反映的是一种劳动人事关系，也就是毕业生将成为用人单位的成员。

无论是就业协议书还是劳动合同，发生法律效力后，任何一方不得擅自毁约。如果用人单位无故要求解约，毕业生有权要求对方严格履行就业协议，否则用人单位应对毕业生进行补偿。权利义务是一致的，如果毕业生无故违约或者解除劳动合同，也应当赔偿用人单位由此造成的损失。

（三）应注意的其他问题

1. 了解并掌握国家就业政策和学校就业规定

政策和规定可以指引大学毕业生的择业方向，规范毕业生的择业行为。只有掌握了这些规定，自己的择业方向才能明确，目标才能选对。

2. 了解就业协议书的全部条款

毕业生在与用人单位签订就业协议书前，首先要认真阅读就业协议书中的全部条款，了解条款的内容和含义，同时学会运用条款和掌握签订就业协议书的步骤。其次，要了解用人单位有无独立的进人权，除了用人单位盖章外，还必须有用人单位上级主管部门的公章。否则，学校在参加全国就业计划协调会时，用人单位的上级主管单位不认可，计划便难以落实，学校便不能派遣毕业生。

3. 要注意约定的条款本人能否承受

大学毕业生与用人单位在签订就业协议书时，许多内容要靠毕业生与用人单位约定，然后备注。毕业生在与用人单位进行约定的时候要注意：①约定条件是否合理和平等；②约定的条款大学毕业生本人是否能够承受；③毕业生与用人单位的备注条款，要注意须有毕业生和用人单位双方的签字，否则当发生争议时，备注条款很难发生作用。

4. 签订协议内容要详细且一致

协议上关于福利方面的内容一定要写明，即社会统筹的养老保险、医疗保险、住房待遇、公积金及失业保险金等，须按国家的有关政策执行。若有其他约定可以补充，如考研、出国等事项均可附加说明，以免今后出现违约现象。此外，还有些单位在签协议书时写明“若违约支付对方违约金 5 000 元”，但在签劳动合同时却改成“若违约支付对方违约金 20 000 元”。这种劳动合同与协议书内容不一致的现象一定要避免。

5. 进民营企业一定要规范相关条款

目前，私营企业私招乱聘、用工不签劳动合同的情况比较突出。一些企业虽与职工签订了劳动合同，但合同内容却不符合劳动法规定。一些民企，尤其是个体私营企业自制的劳动合同文本内容、条款不够规范，将上岗合同代替劳动合同，把企业管理制度作为合同条款，把非法集资、缴纳保证金等内容写进合同。鉴于一些私企用工制度不规范的现状，我们建议那些准备到民企就业的大学毕业生增强择业中的法律意识，善于运用法律法规保护自己的合法权益。

第五章　高校大学生就业心理指导

第一节　大学生就业心理

一、就业心理

我国对于就业心理的研究开始于20世纪末。对于“就业心理”概念的界定，学术界存在以下三种观点。

第一种观点认为，就业心理是人们对待职业和职业行为的一种心理系统。如西南大学张进辅教授把就业心理定义为：“人们在对自我、职业和社会的认识基础之上形成的，对待职业和职业行为的一种心理系统；它不但包括个体自身有关职业的一些特质和特点，而且还包括在对二者认识的基础上所产生对待职业的某种价值倾向、兴趣和态度。”

第二种观点认为，就业心理是人们在职业选择时的心理活动过程，主要包括就业准备、就业冲突和就业调适等心理过程。如河北师范大学的孟祥俊认为在就业过程中要做好心理上和思想上的准备，同时要对产生的就业冲突如高期望与现实的冲突、多样化与依赖心理的冲突等进行调适，从而改变或扩大原有的认知结构，实现顺利就业。

还有一种观点认为，就业心理应当从认知心理、情绪心理和社会心理三个方面进行分析，对就业心理的研究应当从微观出发，然后探讨优化就业心理的方法。

综上所述，虽然这三种观点的侧重点是不同的，但究其本质是一致的——就业心理就是在就业的整个过程中，通过与其他心理现象的交互作用所形成的一种心理。

二、大学生就业心理的不良表现

就业的过程总是充满着各种不确定的因素，而大学生往往会由于经验不足，在心理上出现种种不良的反应，主要表现在认知心理、情绪心理和社会心理三个维度上。

（一）认知心理方面

就业认知心理是指在择业过程中对自己、对职业及其对周围社会环境的认识、了解和择业中对事物的推理与判断。当前大学生在就业认知心理方面存在的消极表现集中体现在对自我的认知和对环境的认知两个方面。

1. 自我认知

（1）自卑心理

自卑是指自我评价偏低、自愧无能而丧失自信，并伴有自怨自艾、悲观失望等情绪体验的消极心理倾向。它是一种消极的自我评价，是感觉自己一无是处、没有自信的一种表现。自卑的人往往看不到自己身上的闪光点，无法发挥出他应有的才能。例如，有些女大学生在择业的过程中由于自己性别的原因，害怕与男性毕业生同时竞争一个岗位，往往还未开始就已打退堂鼓；还有些大学生会因为过度担心用人单位以容貌、背景等外在条件录取求职者而求职失败。再如有些本科生会因为自身的学历而不敢与研究生竞争同一岗位。这些例子都是因为大学生总拿自己的不足和别人的长处相比，忽视了自己的优点而无法展示自己，最终导致就业的失败。

小林在校期间成绩优异，但是平时不太爱说话，总觉得自己形象不佳。临近毕业，她向多家公司投递了求职简历，虽然每次笔试成绩都还不错，但是面试却屡屡失败，这也让她逐渐对自己失去信心。她说："每次进入面试地点，看到主考官，我的腿就会发抖，手不知道该怎么放，不敢抬头看主考官的眼睛，对于主考官的提问，我常常会出现停顿，回答得没有条理，很多自己原来会的问题回答得也不全面，感觉自己在很多方面不如别人。"小林面试之所以屡次失败，是因为她有自卑的心理问题，不自信。良好的心态是成功的一半，所以小林应该准确地进行自我定位，看看自己到底适合什么样的工作，不盲目地求职；同时找到自卑的原因，培养良好的心态，面对激烈的竞争压力，勇敢地迎接挑战，不退缩，努力克服自卑的心理障碍，相信自己，从而最终取得成功。

（2）自负心理

与自卑相反，自负是自我评价偏高的消极心理倾向，持有自负心理的大学生往往会自我感觉超好，过高地估计个人能力、水平和在竞争中的地位，缺乏自知之明。有些大学生认为自己受过高等教育，是天之骄子，因此在寻求工作的过程中，非国有企事业单位不去，非一线城市不去，或是要求高薪酬、高福利，使自己错失了一些良好的就业机会。这就是自负心理在作怪。事实上，随着金融危机的爆发，全球的就业形势都不容乐观，再加上我国的高等学校实行扩张政策后，大学教育已由原先的精英教育变成了大众教育，大学生早已失去了原先的优势地位，如果仍然盲目乐观，不客观地认识自己，好高骛远，最终必然会导致就业受挫，心理上产生剧烈的落差感。

2. 对环境的认知

对环境的认知主要是指对就业市场、就业单位等客观环境的认识。大学生学习专业知识的最终目的是能以一技之长服务社会。如果不能把专业知识和环境匹配好，不能顺利就业是毋庸置疑的。可如今“两耳不闻窗外事，一心只读圣贤书”的思想仍存在于一些大学生的心中，他们在大学里苦读课本知识，一味追求高分数，对书本以外的一切都漠不关心，脑海中对社会上存在哪些工作岗位，这些岗位需要什么样的人才等都不清楚，待到毕业之时，就一味地凭自己主观的臆断去寻找工作，试问这又如何能实现就业？再者，环境处于动态发展的过程中，对环境的及时了解亦是影响大学生能否顺利就业的一个因素。而有些大学生在刚进校时，通过一些途径了解到本专业的就业信息后，便不再去更新，抱着这些陈旧的就业信息去寻找工作，怎能不受挫呢？

（二）情绪心理方面

情绪是人对客观外界事物态度的体验，是人脑对客观外界事物与主体需要之间关系的反映，它是一种主观感受。情绪心理指的是就业者在就业之前产生的一些情绪问题或是在就业过程中的情绪波动。大学生在就业时不可避免会出现情绪上的波动，假如这些不良的情绪长期存在且得不到缓解，不仅会影响大学生的就业，也会影响他们的心理健康。焦虑、抑郁、嫉妒是大学生就业情绪心理的常见表现。

1. 焦虑心理

焦虑是由紧张、焦急、忧虑、担心和恐惧等感受交织而成的一种复杂的情绪反应。一般来说，适当的焦虑有助于大学生的就业，因为它可以使大学生产生一定的压力，成为激发他们不断学习和完善自己的动力。但如果它不能得到及时地缓解，就有可能向更严重的心理危机或病态发展，表现出情绪紧张、头晕目眩、心情紊乱、注意力不集中、失眠等症状。大学生求职过程的焦虑主要源于他们面对就业竞争激烈的市场，担心自己不能如愿以偿获得工作；抑或不知如何在国家需要、个人志向、专业发展、工作环境中做出选择，担心因选择失误造成“千古恨”。一旦背上这样的精神负担，大学生在求职时就很难完全展现自己的才能，严重的甚至会产生“谈工作就色变”的阴影。所以过度的焦虑是大学生就业途中的绊脚石。

王宇是个认真好学的学生，一进入大学就严格要求自己，努力学习专业知识，成绩一直很好。为了有一份稳定的工作，王宇选择考公务员，他做了认真的准备，笔试成绩第一名。但是因为王宇平时只是埋头学习，其他方面的能力缺乏锻炼，结果面试失利，没有被录取，而王宇却认为是别人靠关系抢了自己的名额，因为自己家庭一般，无权无势。考试的失败、毕业的压力以及家人的期望，让王宇情绪紧张，常常焦躁不安。情急之下的王宇向很多家公司都投了简历，却因没有弄清楚这些公司的具体情况和岗位需求，投出的简历常常石沉大海。王宇产生焦虑的心理，是公务员考试失败、工作无着落等压力造成的，其实很多大学生在毕业时都面临一些困难，如果不能正确地面对和自我排解，往往会产生焦虑心理。

2. 抑郁心理

抑郁是指在长期持续的精神刺激因素作用下产生的一种以情绪低沉、忧郁、沮丧、自责、压抑为主要表现的精神状态。大学生的抑郁心理往往产生于求职中不断碰壁、屡屡受挫之后。每一个即将毕业的大学生都希望自己能够找到工作，不希望“毕业就失业”的情况发生在自己身上，所以一旦不被用人单位认可、接受，就会如泄了气的皮球一样，愁眉不展、郁郁寡欢。如果这种低落的情绪持续下去，不能自拔，不仅会使得他们失去继续求职的动力，动摇他们的自信，使他们产生怨天尤人、听天由命的悲观想法，还会导致他们茶饭不思，入眠困难，身体日渐消瘦，萎靡不振，出现轻生的危险念头，造成不可挽回的悲剧。因此，大学生就业中的抑郁心理必须引起重视。

3. 嫉妒心理

嫉妒是一个人感到别人胜过自己而产生的一些消极情绪体验。就业中的嫉妒心理不仅仅会让自己痛苦，也会影响同学之间的正常交往。有些好胜心强的大学生在看到别的同学比自己早一步找到工作，或者找到的工作比自己的好时，心里就酸溜溜的不是滋味，于是就会产生一种包含着憎恶与羡慕、愤怒与怨恨、猜疑与失望、屈辱与虚荣以及伤心与悲痛的复杂情绪。一般来说，轻微的嫉妒通过自我调节和升华，是可以向积极的方面转化的。但如果自我调节失去作用，又没有寻求外在的帮助，大学生就很容易将这种情绪指向对方，甚至于敌视对方，也许还会伴有一些不良攻击的行为——诸如在背后谈论对方的缺点或公开对方的秘密等等，最为糟糕的情况是会出现伤害他人性命的恶劣事件。所以，大学生就业过程中产生的嫉妒心理不容小觑。

（三）社会心理方面

社会心理学是关于社会情境中个体的心理现象及其行为规律的科学。大学生在就业过程中因与社会或者他人的影响有关而产生的心理问题就属于就业社会心理的问题。下面就从从众心理和依赖心理这两方面来说明就业中大学生的社会心理问题。

1. 从众心理

从众指的是个人受到外界人群行为的影响，而在自己的知觉、判断、认识上表现出符合于公众舆论或多数人的行为方式。实际上，从众是在个体自愿的前提下被动地接受群体的影响，通常情况下，多数人的意见往往是对的。少数服从多数，一般是不错的。但如果缺乏分析，不独立思考，不顾是非曲直地一概服从多数，随大流走，是消极的“从众心理”，这是不可取的。大学生正处于人格完善的阶段，受外界影响比较大。在选择职业的过程中，有些大学生一味地追求什么热门职业，或者是一味听取别人的意见，根本不考虑自己适不适合，就去争取，这样下去容易使自己在求职道路上屡屡碰壁，遭受不必要的挫折，也许还会错失适合自己的就业机会，就算是初期求职成功，在漫长的职业道路上，也不会产生幸福感。因此，大学生要从实际出发，寻找适合自己的职业，切不可盲目从众。

大三时，孙明就感到就业的压力大，他的几个朋友都在准备公务员考试，他也跟着他们买了公务员考试的相关资料，准备考公务员。但是，他对公务员考试的一些资料并没有太多兴趣，只是随便看看，准备并不充分，因而没有通过公务员笔试。他看到周围的同学都在投简历，找工作，他就跟着同学往一些公司投简历，由于缺乏相应的准备，最终都以失败告终。他又想到学校去应聘，可是他连教师资格证都没考取，没有应聘资格。面对接连的挫折，他最后决定听从亲人的建议去上海发展，可是到了上海，他只找到了一份与专业不对口的、月薪不足 3 000 元的工作，每月几乎入不敷出，而且这份工作的工作强度比较大，经常加班，孙明后来从该公司辞职，回到老家待业。毕业一年后的同学聚会，看到周围的同学大多数都找到了称心的工作，并安定了下来，孙明的心里蛮不是滋味。

孙明在就业选择时存在盲目从众的心理，没有结合自己的实际做好针对性的准备，在遭遇到就业挫折后，也没有反思问题所在，最终导致就业失败。

2. **依赖心理**

依赖心理的主要特征是：在自立、自信、自主方面发展不成熟，过分依赖他人，经常需要他人的帮助和指导，遇事往往犹豫不决、缺乏自信，很难单独进行自己的计划或做自己的事，总是依赖他人为自己做出决策或指出方向。有些大学生是家中唯一的孩子，从小养尊处优，自立能力较差，凡事都是长辈代为决定，习惯了顺从。来到大学后，他们秉持着“在家靠父母，出门靠朋友”的理念，凡事依靠同学，所以他们的独立人格是很难形成的。而由于缺乏责任感，一旦独自面对复杂的就业环境，他们就很难做出决定，甚至抱有“车到山前必有路”的想法，根本不懂得要主动寻求就业机会，完全依靠父母，任由父母安排工作。若是父母安排不了工作，他们就索性待在家里，甘愿做一名“啃老族”。你可以依赖一时，但绝不能依赖一世，拥有依赖心理的大学生是比较容易被竞争的就业机制淘汰的，所以大学生一定要学会做一个有独立思想的人，切不能完完全全地依赖别人。

王明是家里的独生子，从小到大都是父母安排他的生活、学习。如今面临毕业，王明对就业犯了难。他不知道自己该选择什么样的工作，也不知道该选择在哪个城市就业。如果在外省，他担心自己不能够好好生活，对未来没有自信。如果选择回家乡，他又认为未来没有了希望。最后，他还是打电话征求父母的意见。父母决定让他回到当地县城，并将他介绍到某单位做了一个职员。工作不到一个月的时间，单位对新进职员进行考核，王明因没有通过考核，被迫离职。此时王明责怪父母不该给他找一个专业不对口的工作，可是父母找不到他既喜欢又专业对口的工作。最后王明索性待在家里不就业，成了“啃老族”。

现在，很多家长替孩子包办一切事情，忽视了对孩子独立思考和生活能力的培养，致使他们的依赖性太强，很多大学毕业生走出校门时，还是依赖家人。社会竞争越来越激烈，只有从小培养孩子独立思考和生活的能力，他们才会经得起种种困难的考验。

第二节　大学生就业心理问题产生的原因

大学生就业心理问题产生的原因是复杂的，只有找准了原因，才能对症下药，提出相应的调适方法。

一、宏观因素

当代大学生就业心理问题的形成势必会受到来自社会各个方面的宏观影响，主要有以下几点：

第一，自1978年党的十一届三中全会后，我国采取了改革开放的经济政策，给予了经济特区和东部沿海城市很多的优惠政策，使得东部地区的经济有了飞速的发展。尽管21世纪初期，我国对西部地区实施大开发战略，希望把东部沿海地区的剩余经济发展能力用以提高西部地区的经济，但东西部之间的差距依然存在。于是东部地区仍然是大部分学生毕业时选择就业地区的首选。即便去不了一线的东部城市，他们也要挤进二线的东部城市，这就在不知不觉中加剧了东部地区的竞争，使大学生在就业过程中产生失落等不良情绪。

第二，1993年2月中共中央、国务院颁布了《中国教育改革和发展纲要》，确定了毕业生就业制度改革的目标是改革高等学校毕业生“统分统包”和“包当干部”的就业体制，实行少数毕业生由国家安排就业，多数毕业生自主择业的就业制度。这种双向选择的就业模式对就业市场提出了更高的要求。然而纵观我们的就业市场，仍然存在不少问题，如户籍制度限制、供需信息不畅、不公平现象等。这些问题会成为大学生在就业时的障碍，影响他们的顺利就业，引发一些就业心理问题。

第三，目前我国的很多用人单位依然戴着有色眼镜看待一些求职者，这就不免使得大学生在就业中遭受歧视。有些用人单位会在招聘的条件里明确表明学历的要求。如由于性别的原因，女大学生随着年龄的增长会结婚生子，于是有些用人单位就觉得招聘女职员很麻烦，所以即便招聘条件里未写明不招女性，但在实际操作过程中，仍会淘汰女性求职者。这种隐性的条件会极大地打击女大学生的求职自信心，使其产生自卑等心理问题。

二、中观因素

(一) 学校层面

高等学校一直是国家发展的人才培养及输出基地，所以大学生就业心理问题的产生离不开学校这个因素。

第一，高等学校的专业设置应该紧随社会的发展，社会需要什么方面的人才，学校就培养什么样的人才。然而，纵观我国高等学校的专业现状，虽然数量是众多的，但并不是每一个都贴近市场的需求，有的专业市场所需已近饱和，可是从专科教育到博士教育都设有该专业，比如会计，这势必会增加该专业本科生的就业压力。还有，有的学校盲目地追求热门专业，扩大热门专业招生人数，使得这些专业的学生人数多于市场所需，势必造成这些学生就业困难的局面。另外，在专业培养方式上，有的学校缺乏与企业的合作，比如机械制造专业，这就减少了学生实际锻炼的机会，培养出的是仅有理论知识而无动手能力的学生，无形当中为学生顺利就业设置了障碍，影响了他们的就业心理。

第二，高等学校一直把大学生的就业作为工作的重点之一，这也加大了对就业指导的投入，但依然存在着不足。首先，就业指导课程应该贯穿于大学生四年的学习中，是大学生必修的一门课程，然而不少学校要么是在大四时才开设就业指导课程，要么是把它当作一门选修课，毫无疑问大学生因缺少系统的就业指导，容易造成他们盲从的现象。其次，师资队伍与招生人数应该是成正比的。然而，现实情况恰恰相反，学生人数与教师人数并不成正比，这导致每位教师的工作负担加重。教师的工作压力增大，使得他们很难为每个学生提供一对一、深入的职业辅导，难以关注学生的就业心理。这种情况无形中造成了教师“心有余而力不足”的困境，从而使得高校的就业指导变得形式化，进而对大学生的就业心理产生了不良影响。

(二) 家庭层面

家庭是每个人接触到的第一个教育环境，父母则是第一任老师，所以家庭环境影响每个大学生的就业心理。

第一，20 世纪 70 年代末，中国开始实施计划生育政策，大多数城市家庭都只有一个孩子。这些独生子女在成长的过程中受到长辈百般的呵护，可谓是“捧在手心怕摔着，含在嘴里怕化了”，所以这类大学生依赖性强、抗压能力差、独立性差等问题就在不知不觉中形成了。当他们大学毕业后进行择业时，这些问题就凸显出来，势必会对他们就业心理产生不良的影响。

第二，中国的父母都有望子成龙、望女成凤的心态，含辛茹苦地抚养孩子长大，就是期望孩子能找到一份体面的工作，能光宗耀祖。在他们的观念中，工作就是面子，孩子就应该选择做公务员或者是在大城市就业，这才是给他们长面子，而对于像蓝领技工、第三产业等这种又苦又累、报酬相对较低的工作是绝对不能去做的，这是丢面子的事。所以父母的职业观念影响了大学生的择业选择，加重了他们就业时的心理压力。

第三，每一个父母都尽可能给予孩子最好的物质条件，培养他们各种技能，然而在满足他们物质条件的同时，却比较容易忽略他们的精神世界。尤其是在孩子大学即将毕业进行择业的这个阶段，每每拿起电话和孩子联系时。父母问到的都是诸如“工作找到了吗？钱够用吗”这类问题，忽视了对他们心理的关爱。这就使得家长不能及时发现孩子心理的变化，给予他们相应的疏导，而一旦就业心理问题得不到缓解，就有可能产生严重的后果。

三、微观因素

尽管来自宏观和中观层面的因素对大学生就业心理有着重要的影响，但关键的因素仍是来自微观，即大学生自身。

（一）大学生独具的心理发展特点

心理学家把面临就业的大学生所处的时期叫“断乳期”，处在这个时期的青年，多幻想，好冲动，接受事物快，自我意识强。虽然他们的生理已经成熟，但相当一部分大学生心理发展还不成熟、不稳定，同时他们的知识结构还不完善，每个人的生活经验又有所差别，在求职择业中就表现出心理活动的复杂性和矛盾性。所以当他们初次就业时，就容易既兴奋又胆怯，一旦面对就业的挫折，极端的心理就会产生。他们追求自由独立的价值观，容易与用人单位的管理理念产生代沟，从而导致他们的内心产生强烈的就业抵抗心理，出现如频繁跳槽、不愿就业等现象。

（二）大学生存在一些错误的就业观念

大学生带着父母满满的期望走进大学，自然希望四年后能找到一份体面的工作，因为这是他们向父母证明自己的最好时机。所以在择业时，“高大上”的岗位最受欢迎，比如公务员，大型国企内的贸易、财务、人力资源等，而他们对近年来需求量不断增加的民营企业的服务类岗位却嗤之以鼻。若是这些“高大上”的岗位在北上广深或者是杭州、苏州等二线明星城市就更好了，毫无疑问这就导致了北上广深和二线明星城市就业难，而其余二线、三线城市就业缺口大的局面。正是因为这种错误的观念，有些大学生错失良好的机会，有的甚至入错了行。

（三）大学生对就业的准备不充分

首先是心理准备不足。比如在自我评价上，有的学生自我评价较高，导致择业时期望值高，缺乏承受挫折的心理准备；也有的学生过多地看到社会阴暗面，导致择业时期望值较低，缺乏主动进取和善抓机遇的心理准备。其次是能力准备不足。现在的就业单位把求职者的能力看作首要条件，而不少大学生在校期间，不注意培养自己各方面的能力，比如语言表达能力、组织能力、管理能力等，只知道一味地考取建造师证、会计证等资格证书。这些大学生即便靠资格证书敲开了单位的大门，也会因缺乏能力而过不了试用期，导致就业失败。最后是经验准备不足。有工作经验的应聘者一直是深受用人单位喜欢的。虽然我们常把大学比作小型社会，但它毕竟不同于真实的社会。我们的大学生往往对真实的社会了解不多，没有什么实际工作经验，还不能用理性、发展的观点来看待问题，所以选择职业时就容易产生盲从、依赖等心理，面试时也容易生搬硬套书本上的理论知识，从而导致求职的失败。

第三节 大学生就业心理的自我调适

一、客观认识自我，完善个性，适应职业需要

大学生就业中的许多心理困扰都与不能正确客观地认识自我有关，因此客观地认识自我是调节就业心理的重要途径。首先大学生要知道自己喜欢做什么、自己的择业

标准以及自己目前能干什么，这样才能知道什么样的工作更适合自己。其次，现阶段的大学生为了适应职业岗位的要求，必须自觉调适自己的个性以及职业兴趣，而不应以原有的个性去选择职业，应朝着适应社会职业岗位需要的方向努力，完善自己的个性，实现人生价值。大学生完全可以通过社会实践，培养自己的兴趣爱好；通过与人交往，改善自己的性格。所以，正确地认识和评价自我，既要充分挖掘自身优势，也要理性看待自我的不足，从而正确定位，完善个性，为理想的职业做好各种准备。

二、接受客观现实，主动适应社会

随着就业市场化、自主择业等就业方式的改变，大学生对就业市场、就业形势的客观实际了解不够。他们必须明白现实情况就是如此，无论是抱怨还是气愤都没有用，这种就业情况一时半会儿是不可能改变的。与其整天怨天尤人，浪费时间、影响自己心情，还不如勇敢地承认和接受当前所面临的现实，脚踏实地地寻求解决问题的办法。毕业生不但要接受客观现实，还要调整自己的就业观念，主动做出适应性调整，树立正确的就业观，处理好个人与社会的关系。因此，大学生必须从实际出发，正视社会现实，主动适应社会。

三、审时度势，调整择业目标

每个人都希望获得一份能更多、更好地满足自己物质生活和精神生活需要的工作，但现实生活中择业意愿同现实情况常常会出现矛盾。遇到这种情况，有的大学生一味地追求原有的择业目标，不肯在无法实现原有目标的情况下改变初衷，要么毫无希望地等待，要么怨天尤人，不愿谋求他职。其实对个人来说，职业的选择并不是永远不变的事情，因此，大学生在遇到择业目标难以实现时，应调整自己的目标，先就业，再择业，争取及时就业；然后，在新的职业领域积极创造条件，积累工作经验，增长阅历，为以后的职业生涯做充分的准备。

张青学的专业是人力资源，她的理想是与国际接轨，将业务推向全世界。抱着这样的理想和目标，张青拒绝了父母为她安排好的工作，只身北上。她认为毕业就意味着理想即将实现，只要自己付出努力，在北京会闯出一番天地。刚来到北京，张青显得很自信，可是几天的面试下来，她才明白找一份高薪水、高福利、自己又非常满意的工作实在很难。为了维持生计，她不得不选择一份和自己理想中大相径庭的职业，面对梦想和现实的差距，张青感到很失落。张青逐渐意识到北京虽然就业机会多，可是竞争力同样也很大，很多像自己一样刚刚毕业的大学生都是抱着这样的理想来到这里，成功的少之又少。现在张青很茫然，起初的理想目标已经破碎瓦解，她不知道是继续留在北京，还是回家寻求父母的帮助。

这是一种普遍存在的现象，很多刚刚毕业的大学生在自负心理的驱使下树立了很高的职业发展目标，在寻找工作时眼高手低、好高骛远，但当发现现实与理想发生冲突时往往会陷入茫然的境地。

四、提高耐挫能力，保持良好的就业心态

面对市场竞争、就业压力，大学生的求职总会遇到许多困难、挫折甚至是委屈。面对这些问题常常产生紧张、焦虑情绪等行为反应都属于正常现象，大学生应该理智对待，积极调整自己的心态，认真总结，吸取经验与教训，不断提高自己对各种突发事件的心理承受能力。

（一）树立自信心，正确面对挫折

挫折是造就强者的必经之路，是一种鞭策，是锻炼意志的好机会。面对挫折，大学生要学会坚强，学会自我欣赏与自我接纳，培养自己乐观积极的人生态度。首先大学生可以进行积极的自我心理暗示，鼓励自己、相信自己，帮助自己渡过难关；接着放下心理包袱后，认真寻找失败的原因，调整好目标，脚踏实地、充满自信地去争取新的机会。

（二）调整就业期望值

目前就业市场出现用人单位招不到人、大量毕业生无处去的两难境地，这与大学生期望值较高有关。求职期望值过高，其结果不是因超越现实而败北，就是侥幸就业后因自身能力不足，无法胜任工作需要而处于被动。所以，大学生应根据自己的实际情况和就业形势，调整自己的就业期望值，适当降低就业起点，从而实现自己的理想。

（三）保持良好的就业心态，适时进行心理调节

良好的就业心态可以使大学生理智看待就业问题、冷静分析就业形势、坦然面对就业竞争。平时大学生要注重健康心理素质的培养，消除可能引起不良心态的消极因素。遇到挫折后要运用控制、激励自己的方法和技巧，适时地进行心理调节，尽快摆脱不良情绪，重新树立起信心。我们建议大学生参加一些有意义的娱乐活动，放松一下自己；向亲人和朋友倾诉苦衷，合理宣泄，听取他们的劝告，这样可以得到较快的恢复。

第六章　高校大学生就业能力的培养

第一节　大学生就业现状分析

大学生作为国家的优质人才，在人力资源配置的环节中尤为重要。近年来，大学生的就业率普遍下降，原因有多个方面，如大学生本身眼光过高，不能准确地对自身进行定位；事业单位在人员的筛选方面更加注重工作经验等。

一、大学生就业的现状

（一）高校毕业生就业形势严峻

随着社会的进步发展，越来越多的人选择提升学历，再加上高校的不断扩招，导致大学毕业生的数量越来越多，增加了就业压力。高校毕业生虽然作为国家的优质资源，但是就用人单位方面来看，许多用人单位更加注重工作经验及更高的学历，导致大学生的就业竞争力巨大。就整个国家层面来看，随着经济结构的调整，许多国有企业员工面临着下岗待业的情况。

（二）高校毕业生的就业结构不合理

在市场经济的影响下，高校毕业生的就业趋势存在地区和专业的差异。例如，更多的毕业生倾向于去北上广深等一线城市就业，而偏远地区则无人问津，这就导致一些地区的就业竞争压力极大，毕业生的就业率也极低。一些市场需求大的专业就会有更多的学生去报考，而许多高校为适应市场的需求对热门专业也会进行扩招，而一些市场需求量不大的冷门专业则相应缩招。这种操作就会使得市场最终人才供求过剩，高校学生在还未毕业的情况下就先失业。

（三）大学毕业生就业市场不完善

随着社会经济的快速发展，更多的大学生想要去更远的地区发展，然而在大学毕业生的就业市场上存在一些生源地就业更具有优势而对外地毕业生的就业情况加以限制的情况。这种不完善的就业市场不能够给大学生带来一个真正公平、有效竞争的环境，从而也导致大学生在就业方面困难重重。

（四）用人单位的盲目人才高消费

从用人单位的角度来说，许多用人单位因毕业生数量过多，开始不合理地提高招收条件，追求更高学历的人才，从而导致高校毕业生就业压力加大。许多用人单位虽招收研究生，却以没有工作经验为理由给其分配一些打杂的工作，在一定程度上造成了人才的浪费，也给毕业生就业带来了一定的困难。

（五）高校就业指导工作不完善

就业指导作为高校的必修课程，能够为大学生的就业提供合理的指导意见，帮助他们更好地选择就业方向。就业指导课程应该贯穿于整个大学期间，而不应该仅仅在大四时才开展。短暂的宣教并不能够改变大学生的就业观念，因而对毕业生的就业指导质量不高。

二、优化大学生就业形势的措施

（一）为大学生团体提供一定的保障

大学生的就业问题是目前需要引起全社会关注的问题。大学生群体具有特殊性，他们没有接触过社会，也没有一定的工作经验，在就业方面经常会遇到碰壁的情况，国家需要给予大学毕业生一些保障政策。例如，人力资源部为大学生提供专门的咨询服务台，提供最新的招聘信息。另外，国家方面还对大学生创业给予一定程度上的经济支持，这样也能够有效落实大学生的就业问题。

（二）建立完善的就业市场

体制的不完善是阻碍改革的重要因素，就业市场的保障体制相对来说就存在地区歧视，只有彻底打破这种歧视，才能够有效缓解大学生就业难的压力。政府方面应该出台相关的政策干预用人单位对生源地毕业生优先录取的方式，可以通过奖励行为鼓励用人单位招收一定比例的外地毕业生。

（三）对用人单位招收条件进行限制

对于用人单位盲目的人才高消费情况，政府方面应该出台相应的管理措施，对用人单位的岗位进行评估，继而限制岗位招收人才的条件。只有对用人单位的招收条件进行限制，才能够保证高校学生找到适合自己能力的岗位，提升就业率。

（四）提高高校就业指导质量

高校的就业指导主要在于经验的传授及就业观念的影响。许多高校毕业生在选择就业方向时没有综合考虑自身的情况，而盲目跟风选择北上广深等大城市，以及竞争压力巨大的热门专业，从而造成就业难的情况。这种眼高手低、盲目选择的情况与大学就业指导不完善具有很大的关系。基于此，各大高校在开展就业指导的课程时需要多结合实际事例，切合实际地与学生交流，引起学生对就业的高度重视。

综上所述，目前我国大学生就业的情况不容乐观。在大学就业难的背后，政府层面、用人单位层面、学校层面及高校就业生本身都存在着许多的问题。只有有效地解决这些问题，才能够提升目前我国大学生的就业率。

第二节　大学生就业能力

一、就业能力内涵

“就业能力”这一概念源于就业，它最早由贝维瑞治在1909年提出，目的是为保证社会经济发展而培养合格的劳动者。虽然因时代不同，就业能力研究的角度表现出多样化特征，但总的来说都强调与职业相关的综合能力。国际劳工组织（ILO）认为，就业能力是个体获得和保持工作，在从事工作的过程中以及应对工作生活中出现的变化的能力。英国学者哈维认为就业能力是被雇用者具有并在劳动力市场上展示的，雇主所需和被认为有吸引力的技能总和，这些技能应该是让雇用者相信他们在将来的岗位中能有效工作的行为特征。荷兰心理学家海吉德等认为就业能力是通过运用胜任力不断地实现、获得或创造工作。国内学者关于大学生就业能力的界定也是众说纷纭。吴小玲认为就业能力是指一个人所具有的找到工作以及做好工作的能力。赵颂平认为大学生就业能力是指大学生在校期间通过知识学习和综合素质开发而获得的实现就业理想、满足社会需求、在社会生活中实现自身价值的核心素质群。朱新秤认为大学生就业能力是大学生满足社会和用人单位对人才需求成功就业的能力。

综合国内外的研究成果，本书作者认为，所谓大学生就业能力是指大学生通过在校期间学习和素质培养而获得的实现就业目标，做好并保持工作，在工作过程中满足社会和个人需要，实现自我价值的能力。

二、就业能力结构要素

在就业能力具体构成方面，美国的 SCANS 报告认为，就业能力包括 36 项能力，分为两大类：基础方面和工作胜任力。其中基础方面包括基本技能、思考技能和个体特质三个部分；工作胜任力包括资源、人际交往、信息、系统和技术五个部分。就业能力包括：对专业知识的理解力，具有工作所需要的通用和专业技能，效能信仰，体现战略反应和思考的元认知。瑞士联邦大学戈德斯密德教授所领导的研究小组在对大规模的大学生获得职业成功的调查研究的基础上，认为大学生顺利就业应具备五个要素：就业动机及良好的个体素质，人际关系技巧，丰富的科学知识，有效的工作方法，敏锐广阔的视野。国内学者大多认为大学生就业能力不单纯指某一项技能、能力，而是一种综合能力。代洪甫认为就业能力主要包括基本工作能力、专业能力和求职能力三个基本层次。彭时代认为大学生就业能力体系包括道德性、技能性、心理性、竞争性、实践性、发展性和应聘性七个方面的就业能力。朱新秤认为就业能力包括职业认同、专业知识与技能、社会资本、个人适应能力四个方面。

虽然国内外学者的研究，基于各国的经济发展的状况不同，对就业能力构成的侧重点有所不同，但基本的观点还是一致的，即认为就业能力是多种能力的集合，是一个综合的体系。对于一个体系，要分析其详细的构成是一件很困难的事情。但是任何体系都有其核心内容。结合大学生群体的特征，即接受高等教育、面临择业、即将走向社会的实际情况，我们认为大学生就业能力体系主要包括五个方面的核心内容：

第一，基础性能力。基础性能力是大学生成功就业应该具备的基本素质，是用人单位挑选大学生的首要标准。它主要包括适应环境、人际交往、团队协作、外语和计算机运用、普通话、承受挫折和情绪控制等方面的能力，还包括良好的思想道德、责任心等。

第二，专业性能力。专业性能力是指大学生通过在校期间的专业学习和专业实践所掌握的专业理论和专业技能，以此满足职业岗位需要的基本能力。它主要包括专业知识、职业岗位所需的特殊技能以及专业素养等。

第三，实践性能力。实践性能力是指大学生在实践活动中所表现出来的能力。它主要包括理论知识应用、组织管理、任务理解和执行、项目策划等方面的能力。

第四，求职性能力。求职性能力简单地说是大学生顺利找到一份工作的能力。大学生要想在人才市场中突显出来，必须具有竞争型的求职能力。求职是自身实力、信心和综合素质的运用，良好的求职技巧可以帮助大学生顺利就业。求职能力包括就业信息收集与处理、择业定位、自我表达、自我推销、职业规划等方面的能力。

第五，发展性能力。发展性能力是指大学生适应职场变化特别是经济社会发展的需要，在工作过程中持续发展实现自我价值的一种能力。它主要包括自主学习、创新创业、决策判断、把握机遇等方面的能力。

第三节　大学生就业能力发展的路径

一、实践能力

教育部曾多次发文强调要大力加强实践教学，切实提高大学生的实践能力，要求高校积极推动研究性教学，让大学生通过参与教师的科学研究项目或自主确定选题开展研究。高等教育作为知识创新和技术创新体系的基础，其责任就是要培养具有创新精神和实践能力的高级专门人才，将实践能力的培养融入学校教育的全过程是时代发展和社会发展的需要，更是教育自身发展的需要。因此，寻求对大学生进行实践能力培养的有效途径，已经成为当前我国高等教育推进素质教育的核心课题。

（一）实践能力培养的必要性

1. 实践能力是毕业生与用人单位对接的桥梁

某高校多届本科毕业生质量跟踪调查报告指出，毕业生呼唤实践教学环节的强化是必须引起教育主管部门高度重视的问题之一。目前，用人单位出于自身效益考虑，要求“上手快”，基本不予新上岗者培训投入，加之人才市场供过于求，使用人单位占据主动地位，对招聘对象的适应期要求更加苛刻。我们所培养的对象能否很快对接职位，关键在于学校能否提供更有效的培养方式。所以，毕业生走向岗位后，一个强烈的感受就是：大学期间的实践环节不可或缺；参加社会实践与创新实践，是培养解决社会问题实际能力和工作创造性的重要途径。

2. 实践能力是高等学校培养人才适应社会的需要

近几年来，随着我国高等教育大众化改革的发展，各校的招生规模都在不断扩大，也出现了部分高校毕业生就业困难的问题。这里的缘由是复杂的，从表面上看，主要是因为大学所培养的人才不能很好地适应社会的变迁和满足社会长远的需要，造成人才的相对过剩和就业困难。但是如果深究其原因，从大学教育的角度分析，不难得出，这主要是由于过弱的文化陶冶、过窄的专业教育、过重的功利导向和过强的共性制约所造成的，而实践能力培养的缺乏恰恰是它们的突出表现。

（二）实践能力培养的主要途径

经过 20 多年的实践，我国高校的学生社会实践已经初步形成了比较稳定的内容和形式。结合高校教育的实际情况，主要介绍以下几种：

1. 暑期社会实践活动

这是 20 世纪 80 年代以来出现的发展最快、影响最大的实践方式，是大学生利用暑期进行的时间相对集中的、大规模、大面积的社会实践活动。其内容十分丰富，包括社会调查（到革命老区、大中企业、乡镇企业、边远山区、经济特区参观访问，调查研究），社会服务（面对社会各界的科技服务、教育服务、医疗服务、文化服务），企业咨询（技术咨询、管理咨询），专业调研（承担某项科研课题，围绕课题需要进行的调查研究），科技扶贫，智力支乡，回乡考察，义务劳动，社会宣传，慰问演出等。

一般每年暑期进行1至6周。由于每年一次，时间集中，参加人数多，社会接触面大，对于促使每个学生树立理想、坚定信念、了解国情、热爱工农、增长才干，对于在校园内形成关心祖国、面向社会、服务人民的群众观念和良好风尚，是一个十分重要和卓有成效的教育环节。

2. 科技、文化、卫生“三下乡”活动

科技、文化、卫生“三下乡”活动是大学生持续多年的一项社会实践活动，并且已取得了可喜的成果。“三下乡”社会实践活动的内容包括科技扶助、企业帮扶、文化宣传、医疗服务、法律普及、支教扫盲、环境保护等。大学生通过这些贴近群众的社会活动，体察民情，了解社会，既锻炼了自身能力，又加深了对社会的认识。

3. “青年志愿者”活动

大学生积极响应团中央号召，利用课余时间和假期开展了形式多样的“青年志愿者”活动，宣传公民道德，播撒文明种子。在活动中，大学生通过悬挂横幅、散发传单、现场解说、图片展览、出黑板报等方式，弘扬中华民族传统美德和新时代先进的道德观念。他们宣传的内容包括“三个代表”重要思想、国家“第十个五年计划”、西部大开发等基本国策；他们在宣传科学、反对迷信和伪科学的过程中，积极倡导健康文明的生活方式；同时，还参加社会义务劳动，深入敬老院进行“献爱心、送温暖”的活动等。他们把文明带进了千家万户，为社会主义物质文明和精神文明建设贡献自己的力量，受到了社会各界的广泛好评。

4. 社会调查

社会调查是社会实践常用的重要形式。如今，高校结合课堂教学与课外阅读，组织开展社会调查，对大学生接触社会，了解国情，树立正确的世界观、人生观和掌握科学的方法论具有十分重要的意义。

社会调查一般结合课程学习和论文工作进行，既可以安排在平时也可以在寒暑假和节假日，既可以分散进行也可以集中组织。但无论是哪方面的社会调查，都应该有明确的对象和内容，并且应注重对学生的指导。此外，还要注意考核和检查，这样才不至于流于形式，从而收到实效。

5. 社会服务

社会服务指学生利用星期天、节假日或平时课余时间走向社会，从事各种义务服务活动（不取报酬）。常见的有街头宣传（宣传交通法规、环境保护、雷锋精神等），便民服务（修理自行车、修理家用电器、义务理发等），咨询服务（技术咨询、管理咨询、法律咨询、医疗咨询、心理咨询等），技术服务（推广新产品、新工艺、新技术、新材料，协助农村和企业解决技术问题等），管理服务（为企业的管理出谋献策，为企业培训干部和职工），医疗服务（送医上门、宣传防病治病知识、用药常识等），演出服务（送戏上门、慰问演出等），政法服务（参加乡镇、街道的人大换届选举，参加案件审理等）。这种形式的特点是时间分散、细水长流、不取报酬。其实践的深度虽不及其他时间相对集中的形式，但能使同学们与社会的接触经常化，拓宽了与社会息息相通的渠道，有利于大学生树立为人民服务的思想，培养助人为乐的精神，不断增强社会责任感。

6. 公益劳动

公益劳动泛指人们利用休息时间从事的有利于社会公众的所有活动，又称义务劳动。一般在低年级大学生中安排 1 至 2 周公益劳动，如组织学生参加重点工程建设，参加兴修水利工程，包括参加校内外的植树绿化劳动，参加校内的除草、打扫环境卫生、修理门窗桌椅、清扫粉刷宿舍等体力劳动。

近年来兴起的“志愿者行动”“社区援助”等活动，其实也属于公益劳动。我们这里所讲的公益劳动，主要是指在课余时间把学生组织起来参加一定的体力劳动和服务工作，以达到培养学生劳动观念、服务意识、团队精神和良好意志品质的目的，是社会实践的一种有效形式，对推动校园文化建设具有积极的作用。

7. 课外科技活动和课外创业活动

课外科技活动是指大学生利用课余时间参加一些科技活动。例如，为企事业单位解决技术难题或管理问题，为社会部门和单位研制计算机技术或管理信息系统软件，从事小发明、小革新、小制作等创造性活动。对于社会科学和管理科学类学生，指利用课余时间进行专题调查研究或理论探讨活动。

课外科技活动是一个充分发挥大学生主动性、创造性的领域，有利于培养大学生热爱科学、积极探索、大胆创新、踏实肯干的精神。

虽然读书期间将创业计划付诸行动的学生只是极少数，但参与创业计划的制订对培养创新精神、创业精神、团队意识等有很大的帮助，受到青年学生的广泛欢迎。近两年兴办的学生创业计划大赛已经成为高校校园一道亮丽的风景，引起了社会各界，特别是企业界和新闻界的密切关注。

8. 勤工助学活动

勤工助学活动是学生利用课余时间进行的有酬劳动，是社会实践的有偿服务形式。勤工助学活动除了具有社会实践的一般教育意义外，还具有帮助学生增强经济自立能力、锻炼独立生活能力和实际工作能力的特殊意义。

9. 军训

对大学生进行军训是社会实践活动的重要内容。军训一般安排在大学一二年级，内容包括军事训练、政治教育、品德作风教育和国防教育。军训有利于大学生克服自我中心意识和懒散作风，树立国防观念、纪律观念和集体观念，培养吃苦耐劳的精神和克服困难的坚强意志。

10. 专业实习

专业实习是大学生结合专业教学进行的劳动实践，一般分为校内和校外两种类型。这个环节对培养学生从实际出发，虚心向有专长且实践经验丰富的专业技术人员、师傅等学习的作风，对技术、技能和知识的传承，对丰富实际知识，提高运用所学理论知识分析问题和解决问题的能力，都大有裨益。

二、创造能力

在大学生的创造活动中，创造性思维是获得创造成果最核心、最必要的因素。创造性思维通过有创见的思维活动，不仅能够揭示事物的本质，而且还能提供新的、具有社会价值的产物。千百年来，人类凭借创造性思维不断认识世界和改造世界，从这一意义上说，人类所创造的一切成果都是创造性思维的外现和物化。要培养和开发大学生的创造力，必须对创造性思维有深刻的认识和了解。

（一）创造能力培养的必要性

所谓创造能力，是指进行创造活动的能力，这种能力和所产生的结果在本质上是新颖独特、前所未有的。随着教育改革的不断深入，加强对大学生创造能力培养的问题，引起了各国的注意和重视。创造能力较强的人，其主要特征有：第一，具有创造能力的人，既要有扎实的专业基础理论和广泛的科学知识，以及与本专业有关的新的科学知识，又要有熟练的基本技能和获取知识、运用知识、探索未知的能力。这是一个具有创造能力的人取得事业成功的基础。第二，具有创造性思维。一个创造能力较强的人往往在思维活动中表现出积极的求异性。他们既尊重科学，又不被传统观念和已有的知识束缚，对已有的权威性理论不迷信，而是采取科学的创建性态度。具有创造性思维的人对未知领域有着强烈的探索兴趣和创造欲望，而对于一些习以为常的现象则能从新的角度提出问题、研究问题。第三，具有良好的思想品质和坚韧不拔的毅力。一个具有创造性思维的人，除了具备敏锐的观察力和独特的思考方式外，还需要具备坚强的心理素质和持续的努力。创造性思维往往伴随着挫折和失败，因此，只有具备良好的思想品质——如耐心、宽容与自信——以及不轻易放弃的毅力，才能在面对困难和挑战时坚持不懈。这样的个体能够不断调整自己的思维方向，不被眼前的困难所吓倒，最终实现创新突破。总之，创造性思维不仅仅是灵感的闪现，它更是一种持续的探索与不断奋斗的过程。

（二）创造能力培养的主要途径

1. 激励创造性思维

为了提高大学生的创造性思维能力，除进行必要的创造性思维训练，掌握一般的创造性思维方法外，对创造性思维实施激励也是十分重要的。

（1）激发创造设想。对自己设立的目标要有信心，而不论遭到什么样的痛苦或产生多少错误，这样才能连续不断地做下去。所以，创造者在发明创造中应采取积极的态度，同时要努力激发自己的创造欲望，要坚信自己具有创造力。有了这种强烈信念的指导，人们就会激发自己的创造欲望。

要培养创造欲望，必须使头脑经常处于活动状态，如应该经常、反复地问自己“我能创造些什么?”“什么东西需要我去创造?”“我怎样进行创造?”，一旦遇到机遇或可能，有些问题就自然而然地进入脑海而不会轻易溜掉。

（2）打破陈规俗套。相信旧的模式可以被打破，花样可以被翻新，相信一个在思想、生活方式和技术等方面全新的世界可能会出现，这在理论上很多人都能接受。但在现实中，大部分人都不愿改变，不愿为学习和采用新方法付出必要的劳动。大多数人从幼年起就已形成满足现状的心态，新思想常常被看成是过激的、有破坏性的。我们往往不会受到鼓励去创造新设想，因为它们可能破坏现有事物的规矩。

为发挥大学生最大的创造潜力，大学生必须发展一个敞开的、放松的头脑，让所有的设想都能自由进入，愿意去考虑不寻常的、不为人所知的设想，对新设想在没有做调查研究之前能做到不急于下结论，愿意去探求无意中产生的想法，接受它，并在此基础上形成设想。

(3) 提出“假如”思考。为了充分发挥一个人的想象力，激发其创造性思维，大学生可经常提出一些“假如”或“如果”的问题。这些假设不要求合乎逻辑和事实。例如，可以这样提出问题“假如世界上没有水会怎样”“如果世界上只有我一个人将会怎样”“假如没有太阳，世界将会怎样”等。这些问题的提出，对于创造性思维的激励很有帮助。

(4) 克服从众心理。大多数人都有一种从众心理。一般情况下，从众心理对于完成普通的工作、执行常规的任务、解决一般的问题是有利的。但是在创造性思维活动中，一个创造者如果不由自主地赞同或屈从于某个群体成员最初的想法，就会无形中使自己的思路沿着他人的轨道运行，从而落入俗套，限制自己的思路，减少新“主意”产生的概率。因此，创造者应当独立自主地把握创造契机，尽量减少“模仿他人”，避免与众人“雷同”的思想和活动，以免群体思维束缚自己的创造性思维。

(5) 消除对大脑的抑制。一个人如果连续工作的时间太长，就会降低头脑思考的清晰程度。长时间对大脑的压抑会降低头脑的工作效率，极大地影响创造性思维的发挥。通过游玩、聊天、听音乐或漫不经心的绘画等，人们不仅可以浑身放松、精神舒畅，同时还会诱发灵感，萌发新的创意，激发潜意识思维，产生创造性设想。有人在研究游玩对于创造的作用后发现，游玩有时也会激发创造性思维的产生。因为人们在游玩中不必注意实事求是和墨守成规，使思想处于自由奔放的状态，这种情况往往有利于创造性思维的开展。

2. 创造性思维的训练

创造性思维的训练可以使人们摆脱各种思维障碍，从而产生许多创造性设想，再经过一定的操作而获得创造的成功。这种训练是经过一定量的训练题操作而完成的。训练题的种类较多，其中较为典型的有以下几种：

(1) 扩散思维训练。训练的关键是找到扩散点，然后再进行思维扩散。一般情况下，扩散点如下：①材料扩散。例如，报纸的用途有多少种？经过思考可知，它能够传播信息和知识，可用来包东西、练字、做玩具、糊信封以及做道具等。②功能扩散。例如，照明有多少种方法？我们可以想到油灯、电灯、蜡烛、手电筒、反射镜、火柴、火把和萤火虫等。③结构扩散。例如，半圆形结构能列举出多少种？名称是什么？参考答案为拱形桥、房顶、降落伞、铁锅和灯罩等。④形态扩散。例如，红色可用来做什么事？可做信号灯、红旗、墨水、纸张、铅笔、领带、本子封面、衣服、五角星、印泥、指甲油、口红、油漆和灯笼等。⑤组合扩散。例如，汽车可与喷药机、冷冻机、垃圾箱、集装箱、通信设备、油罐、X 光机和手术室等组合。⑥方法扩散。例如，吹的动作可办哪些事情或解决哪些问题？我们思考后可知，利用吹的方法可以除尘、降温、演奏乐器、传递信息、制作产品及挑选废品等。⑦因果扩散。例如，玻璃板破碎有哪些原因？我们经过思考后可知，原因有撞击、敲打、棒打、重压、震裂或炸裂等。⑧关系扩散。例如，人与蛇的关系有哪些？蛇皮可制乐器，蛇胆、蛇毒可制成药，蛇既可供人观赏和玩耍，也可灭鼠；毒蛇咬人可致伤，也可致死。

(2) 异同转换思维训练。例如，一分和五分的硬币有相同点，也有不同点，都是哪些？通过观察可知，它们的相同点是银色铅制品、圆形、有国徽图案、有汉字和阿拉伯数字、侧视呈扁形、有齿形边缘、流通后带有细菌等。它们的不同点是厚薄不同，直径、重量、图案、数字大小和齿形边缘条纹数不同等。

(3) 想象思维训练：①图像想象。例如，对〇这一图形，我们能否尽量多地举出与其相似的东西？如盘香、发条、圆形电路盘、盘山公路俯视图、录音带、盘着的蛇、指纹、卷尺、草帽和水漩涡等。②假设想象。例如，如果世界上一只老鼠也没有，将会怎样？可减少粮食和其他物品的消耗，不需制造捕鼠器和鼠药，不会发生鼠疫和儿童被鼠咬伤或咬死的现象，食鼠动物无食将破坏生态平衡等。

(4) 联想思维训练：①相似联想。例如，从警察想到士兵，从太阳想到月亮。②矛盾联想。例如，从大想到小，从白想到黑，从上想到下。③接近联想。例如，钢笔—放在桌子上—桌子摆在窗户附近—人开窗可见晴朗夜晚的星星，可简写为：钢笔—桌子—人—窗子—星星。

(5) 思维定势弱化训练：①5 只猫用 5 分钟捉 5 只老鼠。请问，需多少只猫才能在 100 分钟内捉 100 只老鼠？（限时 1 分钟）②你能用 4 根火柴摆 5 个正方形吗？（限时 3 分钟）

3. 克服心理障碍

障碍有来自个体内部的，也有来自个体外部的，特别是内部心理的障碍更是严重地妨碍个体创造力的发挥。认识并克服各种心理障碍对创造的抑制作用，有利于创造力的开发和培养。

（1）克服观念保守心理。人的活动与动物活动不同的地方，是人的活动有意识、有目的，即它是在一定观念指导下进行的。人对外在的事物是怎么看的，他就会怎么样去行动。新儒家代表人物贺麟谈到观念的作用时曾这样表述：观念在人的精神生活中所占的地位，就好像光在人的实际生活和行为上所占的地位一样。没有光，整个世界黑暗了；没有观念，整个人生就盲目了。一个个观念就好像黑夜中的盏盏明灯一样。系统的理论、中心的思想、事物的真理就好像日光、月光一样，随时随地照耀着、指导着人生和行为，使人的生活有意义、有目标、有指针。因此，观念对于行动的方向和结果具有重要的作用。

我们要提升自己的创造能力，首先就要摆脱错误的不利于创造的观念，用正确的观念来激发我们的潜能，成为一个有强大创造能力的人。中国有句古语："神仙本是凡人造。"这句古语道出了一条颠扑不破的真理：创造力是作为智慧生物的人类具有的才能。也就是说，对一切正常的健康人来说，不论性别、年龄、民族、出身、地位、学历以及职务等都具有创造力。创造力并不是神秘的或只有少数天才才具有的特殊才能，创造力是每一个正常人都具有的一种自然属性，是每个人都具有的一种潜在能力。实际上，人人都有创造的潜能。

对任何人而言，只有创造的差别、层次不同，绝不存在有无创造力的问题。事实上，人的才能虽有高低之分，但无天壤之别。一个人如果有开创精神，又能不断进取，是不难做出伟大业绩的。历史上，普通人发明创造的事例不胜枚举。比如，只上了几年小学的爱迪生，一生中完成了上千件发明；图书装订学徒工出身的法拉第，在电磁学和电机发明上做出了重大贡献；在蒸汽机发明中做出划时代贡献的纽可门和瓦特，一个是铁匠，一个是仪器修理工等。俗话说"三百六十行，行行出状元"。假如我们敢于站起来，相信"天生我材必有用"；假如我们了解了创造的奥秘，提升了创造的能力，那么，我们的智慧潜能必然会释放出灿烂光华。

（2）克服自卑心理。心理学家认为，自卑是指人们由主观和客观原因造成的妄自菲薄，缺乏自信，认为自己在某些方面不如他人的一种自我意识。具有自卑感的人总认为自己事事不如人，自惭形秽，丧失信心，进而悲观失望，不思进取。一个人若被自卑感控制，其精神生活将会受到严重的束缚，聪明才智和创造力也会因此受到影响而无法正常发挥作用。所以，自卑是束缚创新的一条绳索，是开发创造力的首要障碍。

自卑感强的人，看不到自身的创造潜能，也意识不到这种潜能有待于自己主动地去开发。自卑感常使人只看到自己的短处，看不到自己的潜力和长处，甚至根本不知道自己的长处，这极大地阻碍了创造力的发挥。

一个人无论自己的实际情况如何，能够承认自我，就有十足的自信心去面对创造中遇到的一切困难和挫折。要充分相信自我，肯定自我，只有在充分相信自己有用的基础上，才能做好每一件事。也就是说，只要相信自己能成功，你就会赢得成功；只要相信自己有创造的能力，你就会拥有创造的能力。这话听起来似乎有些玄乎，然而，信心的威力并没有什么神奇或神秘可言。信心起作用的过程是这样的：相信“我确实能做到”的态度，会激发储藏在自己身体内的潜能（这种潜能或是遗传，或是后天习得，但处于潜藏状态），找到解决问题的新办法，并最终获得成功。

相信自我、肯定自我是取得人生成功的关键。培养自信心，首先应当查明自己信心不足的原因，然后再“对症下药”进行纠正、补充和增强。增强知识和能力，尤其是提高自身的综合能力水平，是培养和提高自信心的基础。此外，根据心理学的研究成果，我们从以下几方面进行训练有助于增强自信：

一是心理暗示。信心是一种心理状态，可以用成功暗示予以诱导。具体的做法是反复给自己灌输正面的、肯定的语言，使这些正面的、自信的语言在潜意识中扎根，从而强化自信心。

二是寻找力量。成功人物的传记和成功奋斗的经历，可以帮助人们找到勇气和力量，从而增强自信。

三是自我分析。将自我因素放在大背景中分析就会发现，尽管有些人比自己强，但有些人，甚至更多的人比自己差。这种在大背景下进行的自我分析，往往可以使人们跳出个人小圈子的局限，看到自己的前途和希望，从而树立起自信心。此外，我们可以通过列举自己的成就来增强自信心。花些时间仔细回顾自己的人生之路，如数家珍般地一件件列举出自己大大小小的成功。这些成绩、成功的体验，往往可以使人信心倍增。

世界著名的心理学家阿德勒在《战胜自卑》一书中指出，一个人生活的热情来自他对生活意义的把握和理解，来自对生活的态度和对自己的认识。面对现实，接纳自己，你就会获得自信，就会创造一个属于你的奇迹。

史华兹博士提出了建立自信的五种方法：

①挑前面的位子坐。你是否注意到，在教堂、教室等各种聚会中，后面的座位是怎么先被坐满的吗？大部分占据后排座位的人，都希望自己不会“太醒目”。而他们怕受人注目的原因就是缺乏自信。

②正视别人。一个人的眼神可以透露出许多有关他的信息。一个人不正视你的时候，你会习惯性地问自己：“他想要隐藏什么呢？他想对我不利吗？”不正视别人通常意味着：“在你旁边我感到很自卑。我感到不如你。我怕你。”躲避别人的眼神也意味着：“我有罪恶感。我做了或想了什么我不希望你知道的事，我接触你的眼神，你就会看穿我。”都是一些不好的信息。正视别人等于告诉他：“我很诚实，而且光明正大。我相信我告诉你的话是真的，毫不心虚。”要让你的眼睛为你工作，也就是专注别人的眼神。这不但能给你信心，也能让你赢得别人的信任。

③把你走路的速度加快百分之二十五。许多心理学家告诉我们，通过改变姿态与速度，可以改变心态。你若仔细观察就会发现，身体的动作是心灵活动的结果。那些遭受打击、被排斥的人，走路都拖拖拉拉且很散漫，完全没有自信。有一种人则表现出超凡的信心，走起路来比一般人快，像是在短跑。他们的步伐告诉这个世界：“我要去一个重要的地方，去做很重要的事情。更重要的是，我会在 15 分钟内成功。”使用这种“走快百分之二十五”的技术，可以帮助你建立自信心。抬头挺胸走快一点，你就会感到自信心在增长。

④练习当众发言。有很多思路敏锐、天资高的人，都无法发挥他们的长处参与讨论。并不是他们不想参与，只是因为他们缺少自信心，在会议中沉默寡言的人都认为：“我的意见可能没有价值，如果说出来，别人可能会觉得很愚蠢，我最好什么也不说。不要让他们知道我是怎样的无知。”这些人时常会对自己许下很微妙的诺言：“等下次再发言。”可是他们很清楚自己是无法实践的。每次这些沉默寡言的人不发言时，他就又中了一次“不可能”的毒了，他们越来越丧失自信。但是就积极面来看，如果尽量发言，就会增加自信心，下次也更容易发言。所以，要多发言，这是自信心的营养素。

⑤咧嘴大笑。大部分人都知道笑能给自己很实际的推动力，它是增强信心的良药。但是仍有一些人不相信这一套，因为在他们恐惧时，从不试着笑一下。你若尝试大笑，就可以给你自信心，驱除恐惧、忧虑和忧伤。因此，开发创造力首先要克服自卑感。要做到这一点，就必须端正认识，重新认识自己所具有的潜能，树立自信心。只要自卑的障碍得以突破，自信的信念就会产生，创造活动就会向纵深发展。当然，自信对

创造成功固然重要，但没有根据的盲目自信，就是自负、妄自尊大，对创造毫无帮助，有时甚至会阻碍创造。我们提倡的自信，是建立在有理由、有根据上的自信，它从不怂恿人去蛮干，冒无畏的风险，而是鼓励人们去把握那些有根据的机会。

（3）克服遵守规则心理。我们生活在一个由各种各样规则编织成的社会网络中，每一个人都在这个规则之网中思考、活动，从而保证社会的有序发展。在我们的观念中，不守规则是错误的。一个不守规则的人，几乎等同于一个不诚信之人，在社会上很难立足，更谈不上发展。然而，如果我们真的全心全意地依赖这一点，很可能成为一个毫无创造能力的平庸之人。因为遵守规则基本上是维护、巩固一种已有的秩序，而创造则必须对已有的秩序有所突破。当人们进行创造性思考、孕育创造性见解的时候，遵守规则往往就像一具无形的枷锁，成为创造发明的障碍。因此，只有敢于向规则挑战，克服遵守规则的心理，才能为创造发明开拓出一条康庄大道。创造是对规则的超越，常常需要另辟蹊径。社会之所以发展，科学之所以前进，无不是对原有规矩的超越甚至是打破。科学的发现和发明如同竞赛。为使竞赛顺利进行，制定某些规则是必要的。但是，犯规又是在所难免的。在创造活动中，克服遵守规则的心理，敢于向规则挑战、敢于改变规则、敢于探寻和确立新规则就成为创造发明的有效战略之一。

（4）克服遵守逻辑心理。什么是逻辑？简单地说，逻辑就是思维的规则。在正常情况下，人的思维和行为都符合一定的规则。依据这种逻辑的规则，从已知可以推出未知。在科学探索和认识过程中，遵守逻辑规则无疑是减少谬误，寻求正确答案的有效途径。我们时时刻刻都在有意无意地运用着逻辑的力量。但这种神奇的力量又常常制约着我们去发现“新大陆”，去创造新的事物。因为创造往往是对旧的模式和规则的一种否定或扬弃，对许多尚在襁褓中的新创意、新思想来说，它们往往是与原来的逻辑规则不相容，甚至是截然相反的。如果以其不符合逻辑来加以否定，对那些刚刚萌芽的创造幼苗来说，无疑是一道剥夺其生存权利的“死刑判决书”。因此，如果我们在认识和思维中，把是否符合逻辑作为判定其科学性和合理性的唯一标准，以不符合逻辑对一些新的想法断然加以否定，这不仅对创造不利，还会严重阻碍创造力的产生。

（5）克服迷信权威心理。权威情结给我们的生活提供了方便，但权威情结又消解了我们的主体性和创造性。因为在权威的鼻息下生活惯了的人们，习惯于听从权威而失去了独立思考的能力。习惯以权威自居的人，常常摆老资格，不思进取。因此，为了培养自己的创造品格，我们在尊重权威的同时，必须警惕权威崇拜，弱化对权威的迷信，克服迷信权威的心理。

权威的产生根源于世界的无限与个体的认识有限之间的矛盾。世界在时空上是无限的，而个人无论是从活动所及的空间或是生存延续的时间都是有限的。有限的生命和有限的活动场所决定了人无法涉及很多领域，对很多东西认识不到或认识不深，不可能成为各个方面的专家。然而，个人可以认识有限的方面，可以在某一领域成为专家。因此，有人对某些领域深有研究，有人对这些领域却一无所知或知之甚少，那些深有研究的人说的话、做的事就在特定的条件下总被证明是正确的，因而被人称为权威。一般情况下，听从权威的忠告，就容易成功；不按权威的说法办事，就容易失败。正反两方面的经验，都在强化着权威的地位和对权威的信任。当这种信任达到一定程度后，就形成了对权威的迷信。

在创造活动中，迷信权威是一大心理障碍。我们应当相信并尊重权威，但不能迷信。

第一，正确分析看待权威。我们内在形成对权威的迷信，那么，在观念中就必须认识到自己已经有了对权威迷信的思维定式。因此，寻找权威的看法、分析权威的论述时就需要注意：首先，从时间上思考权威的思想和理论是否过时。按时间的发展来说，任何权威都只是一时的权威，随着时间的推移，旧的权威理论逐渐会被新的理论取代。其次，从地域范围思考权威的观点是否有普适性。有些权威是从外地引进的，在外地可能很有效，但在本地可能行不通，如果你经常按这种思维方式思考问题，也会少受权威因素的影响。最后，注意识别凭借外力体现的权威。权威的产生有时是微妙的，有些权威是借助某种力量形成的，如借助政治力量、经济力量、名人推荐的力量等，面对这种权威，我们应多多思考，不可盲目轻信。

第二，追求真理，实事求是。要想追求真理，一切从实际出发，就必须具有怀疑的精神和批判的态度。追求真理意味着要敢于质疑传统观念和已有的理论，而不是盲目接受现有的知识体系。只有通过不断的实践和实验，才能不断接近真理。因此，我们应该保持开放的心态，不断吸取新的知识，敢于挑战权威和固有的思维模式，同时根据实际情况灵活调整我们的认知和行动。务实的态度和对事实的尊重，是我们不断进步和创新的动力源泉。

4. 不向挫折和失败屈服

失败是创造活动中必然要遭遇的现实问题。害怕失败是创造力开发的一个重要障碍，这种障碍主要表现为有人感到失败是一种耻辱，失败被人看不起。在这样的压抑心理状态下，要开发创造力当然是不大可能的。事实上，在成功的道路上往往伴随着无数次的失败与挫折，一举成功的实在太少。如何对待失败、应对困难和挫折是高创造力的人能否取得成功的关键。一位作者曾经写道："失败能培养出进行创造性活动的性格。"因为一个人经受的失败越多，他就越有充分的准备来应对再次的失败。所以，承担的风险越大，成功的机会就越多。爱迪生说得好："失败也是我需要的，它和成功对我一样有价值。只有在我知道一切做不好的方法之后，我才知道做好一切工作的方法是什么。"失败是成功之母，作为大学生，只要勇敢地投身于不断升级的创造潮流之中，是一定会取得成功的。

5. **培养勇敢精神**

勇敢是创造个性中最重要的特征。勇敢之所以比其他特征重要，是因为任何才干离开了勇敢，就不能上升到创造的水平。创造是有风险的探索活动，创造最危险的敌人就是胆怯。在创造过程中，胆怯往往会磨灭想象力和独创精神，会使一个正在叩敲真理大门的人失去发现真理的机会。著名数学家高斯早在1824年前就创立了非欧几何，但由于胆怯，害怕发表后遭人嘲笑，一直到去世也不敢公布该项研究成果。对公认的东西表示怀疑，除旧布新，需要勇敢；善于想象，提出好像不能达到的目标，然后去努力实现它，需要勇敢；不怕自己的见解同大多数人对立，甚至冲突，也需要勇敢。进行创造活动，就是要去做别人没想过、没做过或没做成功的事，没有勇敢精神是不行的。

多数大学生有满脑子的梦想，也有惊人的毅力，但常常受传统教育模式的限制而把一切赌注都押在应试和死抠书本上，很少有持续尝试的兴趣和勇气，所以才会有高分低能、缺乏做事经验等种种不足。摆脱这些只有一个，就是进行自主探索和创造发明活动。实际上，没有做事之前，什么都困难，因为你既没有做事的资源，也没有做事的经验。如果你开始起步去做事，很快就会发现，周围的资源并不是特别稀缺，只是散乱地分布在生活的各个层面，而缺少某种强力因素来凝聚而已。而思想上的大无畏精神使人能够冲破传统的束缚，登高望远。

6. **磨砺顽强的意志力**

创造是人类最高尚也是最艰巨的事业。要创造成功，必须付出汗水、体力、智力与心血，要以顽强的意志与毅力去为成功而奉献和拼搏。对于创造性人才来说，他们最显著的特征之一就是具有顽强的意志，百折不挠、锲而不舍的毅力。许多科学上、艺术上的创造都是持久战的产物，若没有顽强的意志是不可能完成的。李时珍为了写出巨著《本草纲目》，博览历代医药文献800余部，踏遍深山老林去寻觅、校对各种草药，前后足足花了27年时间，才完成这部长达12卷的“东方医药圣典”。曹雪芹写《红楼梦》时则披阅10载，大修5次，正如他自己说的“字字看来都是血，十年辛苦不寻常”。历史告诉我们，只有那些不畏艰险、不惧攀登、不怕挫折的人，才能摘到成功的果实。顽强是使创造活动得以在困境中持续发展、在险途上始终前进的强劲动力。因此，要创造成功，就需要坚强的意志力做支撑。

意志力不是先天的，是在实践和奋斗中逐渐培养和锻炼出来的。那么，怎样在实践中培养和锻炼自己的意志力呢？首先，顽强的意志力是建立在对信念和目标的执着追求的基础之上的。创造需要忍耐，需要坚持。而目标和信念是支配人生的无形而深沉的力量，有了这样的目标和信念，才能有足够的意志与毅力去克服创造中的一切困难，从而取得成功。如果没有坚定的信念和远大的奋斗目标，就可能会被困难吓倒，在困难面前退却，表现出软弱、恐惧，而不是战胜一切的勇气。因此，锲而不舍地追求目标，直到最后的胜利，是锻炼意志、迈向成功的关键一步。其次，从失败和逆境中磨砺意志。古往今来，多少伟人和名人历经磨难，但他们却能从失败和逆境中奋起，将它们化作成功的动力，从而取得一个个辉煌成果。再次，培养坚韧不拔的习惯。每天都用坚韧不拔的精神做好当天的事情，这样下去就养成了坚韧不拔的习惯。一些体育锻炼项目，如冬泳、长跑等，可以培养我们的意志力。最后，培养自己充足的信心。自信心较弱的人在挫折和失败面前，容易对自己所做的事情产生怀疑，从而失去意志。自信心强的人，会在困难面前表现出坚强的意志力。

在创造活动中，总会遇到各种各样的困难与问题，大学生需要用顽强的毅力去克服困难，从而获得成功。

7. 树立正确目标

目标是创造的前提。如果有一个目标值得你终身去追求、去奋斗，那你就会克服一切困难，忍受一切屈辱和不幸，把自己的所有力量，甚至包括生命，奉献给所追求的目标。因此，大学生要获得创造的成功，必须树立远大的目标。

当然，在确定目标的过程中，我们要注意目标的正确性、具体性和可行性。

（1）目标要正确。目标正确是创造成功的开端；目标错误，创造就无从谈起，甚至把人引入歧途。所以，走向成功的第一步是制定正确的目标。

（2）目标要具体，要善于确定恰当的目标。创造不是一蹴而就的事情，如果一个目标定得过高，脱离实际，则不易实现。因此，在达到目标的过程中，我们可以将一个大的目标分解为近期目标、中期目标和长期目标，把创造性活动设置成由低到高、分步实施的“阶梯形”。付出一定努力后，每跨一个台阶，也就完成了一个创造，我们可以从中获得成功的乐趣，从而继续进行创造性的活动，实现创造的价值。

（3）制定目标要从实际出发，要有可行性。人们在选择目标时，容易受环境干扰，而忽略了自身的素质条件和现实条件。所以，制定目标要从实际出发，要有可行性。首先，根据个人的气质、兴趣和爱好等选择目标。人的气质与目标设定有密切的关系。胆汁质的人精力旺盛、坦率、刚直、热情，情绪易于冲动，反应较快，具有外向性特征，比较适合从事管理方面的创造活动。多血质的人活泼、好动、敏感，反应迅速，动作敏捷，喜欢与人交往，注意力容易转移，兴趣和情绪易变化，比较适合从事文学、艺术创造活动。黏液质的人稳重、安静、踏实、反应迟钝，情绪不易外露，态度持重，注意力稳定，不易转移，忍耐力较强，是一种比较内向的人，较适合从事基础科学研究。抑郁质的人具有孤僻、怯懦、犹豫不决、行动缓慢的特点，办事细心，处世谨慎，善于观察。当然，多数人的气质是一种复合性的。同时，大学生在确定创造目标的时候，还要充分考虑自己的爱好，不要选择那些自己兴趣不大、不爱做的事情为创造发明的目标。人在从事自己喜欢的工作时，不会把工作当负担，而是把它当作乐趣，做得越多，就越高兴、越愉快，效率就越高，成功的可能性就越大。其次，根据现实的能力条件确定目标。制定个人创造的目标，必须先认识自己的能力，看自己有没有能力达到这一创造的目标，预测目标与基础有多大的距离，凭自己的能力能否消除这种距离。但是，尽管制定目标不能离开自己的能力水平和现实条件，但也不能低于现实能力条件所能达到的标准，制定创造目标不能过高或过低，高了没有成功的可能，低了就没有创造的意义。

目标指导着创造，激励着人们为实现创造目标而努力；目标又是创造的结果，而且只有创造成功，才能实现目标。

8. 保持健康的情感

情感有不同的分类法，或分为爱、恨、快乐、愤怒、恐惧、悲哀、厌恶、羞耻和惊讶，或分为道德感、理智感和美感。情感是创造的动因。人们在创造活动中会遇到很多人和事，会引起不同的情感反应。有时是积极的情感反应，如开心、放松、沉醉、快乐、愉快和兴奋等，有时则是消极的情感反应，如沮丧、悲痛、失望、讨厌、忧愁、嫉妒和伤心等。什么样的情感最有利于创造呢？心理学研究表明，乐观、坚定、自信和愉快的积极情感对人的创造活动起增力作用。因为在这种积极的情绪下，创造性思维和想象力最容易显现，稍纵即逝的创造灵感也最容易闪现。一个对周围环境、周围事物表现冷漠，没有激情，或情绪不稳定、工作不负责任的人，很难想象他在工作、生活和学习中能有所发现，有所创造。因此，积极的情感体验能使人精神焕发、蓬勃向上，大展创造的欲望，而消极的情感体验则会消磨你的意志，给你的创造活动带来负面影响。大学生要获得创造的成功，就要保持健康的情感。那么怎样保持健康的情感呢？

第一，要有创造热情。创造热情不是一般的情绪体验，它是随着创造者对创造目标及其意义的认识而产生的一种积极的情绪体验。它突出地表现在进行创造活动时的情绪体验、动作节奏加快和活动的持续进行。持久而稳固的热情，才能推动人去深入钻研感兴趣的事，从而获得系统而深刻的认识，取得创造的成功。

第二，要有善于驾驭情感的能力。我们不是要做情感的奴隶，而是全面地把握、驾驭它。失败时，想到成功的喜悦；困顿时，可以静心研究该怎样突破，解决问题的钥匙就在你手上；烦恼时大叫几声，放声高歌，也能使自己轻松。总之，情感驾驭能力较低的人常需与低落的情绪交战，浪费过多的精力与时间，于创造活动不利；而对情感驾驭自如的人则能很快走出生命的低潮，重新出发。

第三，掌握控制情绪的心理方法。情绪是情感的外部表现，情感是情绪的本质内容，因此，培育情感就是掌握控制情绪的心理方法。控制情绪的心理方法主要有四种：一是言语调节法。言语是体验和表现情绪的强有力工具，通过语言可以引起或抑制情绪反应。即使是不出声的内部语言，也能调节自己的情绪。通常挂在墙上的条幅，摆在案头、床边的警句，对控制紧张情绪大有益处。二是注意转移法。注意转移就是把自己消极的情绪转移到有意义的方面。如在烦恼时，欣赏一些能唤起内心力量的音乐，就能收到良好的效果。三是行动转移法。行动转移法就是把某些情绪转化为行动的力量。比如，创造过程受挫后，既可使人垂头丧气，也可使人奋发力量。四是意识调节法。意识能够调节和控制情绪的发生和发展。人们以自己的意志力量来控制情绪的变化，用社会规范和理性标准来约束自己的情绪，使自己成为能驾驭感情的人。

第四，要保持乐观的心态。创造是探索未知领域，发现新事物，在创造中肯定会遇到挫折、困难，甚至失败，这必然给我们以沮丧、焦虑、紧张等不良情绪体验。如果因为有困难和挫折，就陷入无穷无尽的烦恼中，那烦恼就永无休止；反之，创造充满乐趣，如果你善于发现积极的一面，努力克服创造中的困难，就可以从创造中享受到极大的乐趣，一边创造，一边享受创造的乐趣，在创造中消解一切痛苦和不愉快。正如一位心理学家所说："我从来没有遇到过哪一个快乐的人不是投身一项自我以外的工作或事业的。正因为这样的人在生活中有一个使命，他们才不会是自私自利、患得患失的。对他们来说，快乐是工作和责任的一个伴生物。"

情感可以左右每个人的思维和行动，直接影响到个人成就。大学生在创造活动中不能随心所欲，只凭习惯去运用它，必须用头脑、理智去驾驭它、调适它，使之有益于我们的创造活动。

9. 激发积极的创造动机

动机是激发和维持人们的活动，并使其朝着一定目标努力的内部心理倾向或内部动力。人类任何行为的产生和维持都离不开动机，动机是各种行为的直接推动力。创造是人类活动的一种，和所有活动一样，需要创造动机的激发和维持。一般来说，一个人创造动机的萌动分两种途径：一是由人们内在的需要引发内部的动机，如兴趣、爱好等。这种动机可分为不同档次：最低档次是为了获得一定的利益而萌发的创造动机；较高档次则是为满足某种精神需要而萌发的创造动机，如认为发明创造是一种享受，可以获得某种成功感等；最高档次是由伟大的抱负及对人生和世界的深刻理解而激发的创造动机，具有较强的持久性。有了这种动机，在任何情况下遇到任何困难都可以强制自己去克服，因而是最宝贵的一种创造动机的形成途径。二是人们在外界的要求和外力的作用下所产生的行为动机，即外部动机，如上级交给的指令性科研课题，领导委派的开发任务等。一般有责任心的人，也可以在一定的时期维持较强的创造动机。这表明，作为领导者经常给下属一些创造性的课题任务不失为一般人开发创造力的好途径。在众多科学家、发明家和企业家的传记中，我们发现，他们都是很有活力、目标明确的人。他们的目标既有外在的，如金钱、权力和名誉；也有内在的，如自我表现、自我挑战等。所有这些动机使他们能够专注于自己的工作，最终取得丰硕的创造性成果。在科学研究领域中，他们发表的论文比别人多；在工业领域中，他们发明的东西比别人多，经营的事业比别人兴旺。作家肯德勒在《最大的诱惑》一书中，对一些成功人士进行了专访，他总结说："对所有这些成功的人来说，生活中最大的诱惑就是工作。"

大学生要发挥创造潜能，真正做出创造性的成果，获得创造的成功，必须培养和激发创造动机。而要培养和激发创造动机，最根本的是要有强烈的创造欲和社会责任感，这是激发创造动机产生的思想基础。

首先，要有强烈的创造欲望。哲学家霍夫认为，欲望具有富于创造性的一面。"人们总是说才华会为自己创造机会，但有的时候似乎是强烈的欲望为其才华创造机会。"有追求和可以满足的欲望，你才可能有足够的动力去搜集信息和资源，去探索和构想各种创意和解决方案。转变观念，走出传统教化的误区，去积极地追求和创造自己梦想的东西，就一定可以借助自己的创造力潜能赢得更多的财富和资源，获得更多的成功和名望。

其次，要有社会责任感。优秀的发明家总是把献身发明创造活动、造福人类作为自己的崇高理想。爱迪生说过："我的人生哲学是工作，我要揭开大自然的奥秘，并以此为人类造福。我们在世的短暂一生中，我不知道还有什么比这种服务更好的了。"正是造福人类这一崇高理想，铸造了许多伟大的形象。著名化学家诺贝尔曾豪迈地说："我是世界的公民，应为人类而生。"诺贝尔终身实践着自己的诺言，他对人类最大的贡献是发明了硝化甘油炸药。在试制炸药的过程中曾多次发生爆炸，1864 年 9 月的一次严重爆炸使工厂被炸毁，诺贝尔的小弟和 4 名工作人员一起丧生。尽管诺贝尔也多次被炸得浑身是血，但他从不灰心，从不退缩，勇敢地面对死神。

10. 确立正确的信念

信念是个人对某种观念的执着，意味着个人对某种观念的深刻理解，并对其怀有深刻而持久的情感体验。它使人的行为具有明确的目的性，表现出很强的意志力。人们的创造活动一般是在某种信念的强烈支配下完成的。因为在追求目标的过程中，必然会有许多挫折和困难，要想坚持到底，不半途而废，必须有很强的信念作为支撑。

创造需要信念，信念能使一个人产生积极的心理状态和行为，能不畏艰险、不怕挫折去战胜困难，从而取得创造的成果。但信念是多种多样的，有科学的信念，也有非科学的信念；有积极的信念，也有消极的信念等；但并不是所有的信念都是创造活动需要的。我们要想获得创造的成功，首先应该树立科学的信念。袁隆平等科学家之所以能成功，就是因为他们的信念不是凭空而来、任意幻想的，而是来自实践，是建立在科学依据之上的。由于一开始就有坚实的基础，所以为以后信念的坚持并取得最后的胜利奠定了基础。其次，应该树立积极的信念。一个人的信念既可以是积极的，也可以是消极的。积极的信念能使人乐观向上、朝气蓬勃，消极的信念则会使人退缩畏惧、丧失斗志。从成功者的信念来看，他们始终充满了斗志，充满了积极乐观的精神，因此，信念成为引导和鼓舞他们朝着既定目标前进的指路明灯和推进器。最后，应该树立坚定不移的成功信念。我们在向目标迈进的过程中，肯定会遇到很多困难和障碍，这是对信念的最好考验，创造成功者能克服这些困难和障碍，把困难和障碍当作机遇和动力，从而愈战愈勇，愈战信念愈坚定。大学生要树立科学的、积极的、坚定的信念，使其成为创造成功的巨大精神支柱。上述各种描述和假设揭示了高创造力者的人格特征。不过，所有这些看法和概括都只能看作是一种假说，只能看作是一种努力完善的理想个性。从某种意义上可以这样讲，你修炼出了这些理想品格，也就开发了自己的创造力。

三、就业能力

（一）就业能力培养的必要性

就业能力是一种综合能力。关于就业能力具体包括一些什么能力，至今仍没有定论。有人认为，在内容上，它包括学习能力、思想能力、实践能力、应聘能力和适应能力等。还有人认为，大学生要想顺利就业应具备五个要素：一是就业动机及良好的个人素质；二是人际关系技巧；三是掌握丰富的科学知识；四是有效的工作方法；五是敏锐、广阔的视野。还有的研究者认为，就业能力的关键项目包括责任感、找工作和得到工作的技能、推理和解决问题的能力、健康和安全习惯、个人特质等。

在校学习期间，大学生要清醒地认识到只有练就过硬的就业能力，今后才能为自己找到理想的生存环境，进而达到服务社会和实现自我价值的统一。大学生如果不能顺利就业，就会成为社会的负担，更谈不上自我价值的实现，也谈不上报效祖国。

（二）就业能力培养的主要途径

1. 遵守大学生就业准备的原则

对当代大学毕业生而言，正确的职业选择有利于发挥自己的才智以报效祖国，也能为实现个人理想与抱负提供更广阔的天地。职业选择是大学生在一定职业需要的策动下根据社会需求所做出的选择行为。为使职业选择不脱离现实，又能满足自己的理想，大学生择业除了要树立正确的就业观念，深刻领会国家制定的大学生就业政策外，还要注意把握一定的原则。

（1）服从国家需要，适应社会需求。作为受党和国家培养、教育多年的大学生，在选择自己的职业时，应该把国家利益和社会需要放在首要位置，把个人意愿和社会需要结合起来，把个人理想融入祖国和人民的共同理想中。当个人利益与国家利益发生矛盾时，要顾全大局，服从国家需要。因为大学生虽然以不同的方式憧憬并塑造着自己所期望的未来，但毕竟还是生活在社会中的。只有把个人利益和国家利益、个人意愿和社会需要紧密结合起来，才能使自己真正融入社会，成为被社会承认的人才，从而实现个人的远大理想。

（2）面对现实，客观评价自己。随着社会主义市场经济的发展，人才的竞争将越来越激烈。

总体就业形势严峻。城镇新增劳动力以及下岗工人再就业、农民工返城、大学生就业的“三峰叠加”，尤其是高校毕业生总数的增大，造成总体的就业形势比较严峻。这就要求大学生必须正确认识自己，并根据社会需要来调整自己的知识结构，不断充实、完善自己，努力为自己创造适合社会需要的条件。

正视双向选择的客观现实。用人单位从实际工作需要出发选择人才，并分层次择优录用求职者，大学生必须正视这一客观现实：在你选择用人单位的同时，用人单位也在选择你。就总体而言，虽然社会对大学生的需求在不断增加，国家为大学生就业创造了更加宽松和良好的环境，尤其是在政策方面，积极支持、鼓励推动和促进毕业生就业和创业，但是具体到某个地区、某个学校、某个专业，情况就不尽相同了。

社会需求的变化。因为社会发展变化迅速，不同时期的人才需求数量和模式也有很大变化，更何况经济活动有一定的波动性，一定阶段的生产力发展水平和社会劳动分工结构会直接影响用人单位和社会对专业人员数量、规模、质量及所学专业的要求。人才的社会总需求情况是大学生在择业时必须认真面对的现实。

大学生应该现实地分析自己所处的择业环境，了解国家的有关政策、正在实施中的改革措施及发展趋势、劳动人事管理办法及动态、用人数量和标准等，还应该尽可能全面、详尽地了解有关的政策和法规。

每个大学生都应该对自己的能力有一个客观、公正的评价和正确的认识，知道自己有什么兴趣、爱好、知识、能力、性格、气质、特点，客观考虑自己能干什么和不能干什么，这就是所谓的“知人者智，自知者明”。只有这样，毕业生才能避免盲目择业。

（3）主动求职，把握主次。毕业生就业制度的改革，使大学生在择业过程中更能发挥自己的主观能动性。大学生要想得到理想的工作，就必须主动参与，敢于竞争。这就要求我们一方面要主动把握择业契机，多方面收集用人单位的需求信息，大胆地向用人单位推销自己，而不是消极地等待学校推荐，等待别人给自己落实工作；另一方面也要根据自己的意愿和社会的需求来主动调整自己的知识结构，充实自己，提高能力，积极创造条件接受社会的选择，提高自己在择业竞争中的优势。

在择业过程中，摆在每个大学生面前的方案都是多方面的，如工作地点、单位性质、工作条件、生活待遇、使用意图等。毕业生在选择时不可能达到事事遂心所愿，所以在择业时必须把握好主次，首先满足自己最看重的选项，同时从是否有利于个人才能和作用的发挥、自己是否能够胜任单位即将安排的工作出发来进行选择，切不可因一味求全、急功近利、好高骛远而错失良机。

（4）择业的发展性原则。大学生在择业时，既要考虑个人的发展，又要考虑社会的发展；既要考虑眼前，又要考虑长远；既要有利于现在的发展，又要有利于将来的发展。所以，大学生一定要结合自己的情况，选择有发展前途的职业和单位，防止短期行为。但同时又要看到，社会是在不断发展变化的，每个大学生所处的生活和工作环境也在不断变化，因而职业目标的选择不应该也不可能一次定终身。

因此，职业选择应处在动态过程中，在暂时没有适合自己的工作单位或岗位的情况下，大学生可以考虑一些条件相近的单位和职业，或索性选择到基层锻炼，牺牲眼前利益以积累基层工作经验，为将来的进一步调整和发展做好准备。从这个角度讲，大学生大可不必为一时找不到“理想”的接收单位而苦闷，也不必为自己“迫不得已”

所做的“不理想”的选择而懊悔。

2. 大学生就业准备的注意事项

（1）及早进行就业准备。随着就业市场的不断完善，用人单位对大学生的素质要求比以前更高，用人单位在挑选毕业生时，不仅考查毕业生的专业素质和能力，而且非常重视其非智力因素。而素质和能力的提高并非一蹴而就，需要长期培养。因此，大学生应为就业早做准备，尽早规划在校的学习和生活，根据社会需要塑造自己，按照用人单位的要求充实和完善自己，不断提高自身的综合素质，为日后的就业做充分准备。

早做准备，学习就会有明确的目标。就业准备应从低年级开始，低年级学生可以通过参加宣讲会提早进入就业准备状态。目前各类用人单位的宣讲会如火如荼地进行，低年级的学生应有选择地参加宣讲会，通过参加宣讲会了解感兴趣的用人单位的隶属关系、性质、人才结构、发展前景、招聘程序、用人理念、看重的素质、企业文化等，根据对用人单位看重的素质有目的地进行相应的培养和提高，为择业决策做好充分的准备。

（2）及时、准确地获取就业信息。大学生求职、择业不仅取决于整个社会的政治、经济状况以及自身的能力素养，也取决于其是否拥有就业信息。所以，就业信息是求职、择业的基础，谁能及时获取信息，谁就获得了求职的主动权。就业信息可以帮助学生确定择业去向，帮助学生选择工作单位。

首先，大学生要及时、深入地了解国家、地方及行业的就业政策和学校的就业管理规定，熟悉毕业生就业工作的主要程序及在各就业环节实施过程中应注意的问题。

其次，要及时了解就业形势，即就业环境的变化、相关专业毕业生的就业状况、就业趋势预测以及相关部门发布的有关毕业生就业情况的统计数据。了解和掌握这些信息，可以帮助大学生正确判断当前的就业形势，确定合理的就业期望值。

最后，要及时了解市场的需求信息，即用人单位需要的专业、学历层次、个人能力和需要人数等信息。收集就业信息应力求做到及时、具体、准确。任何信息都有时效性，收集信息必须及时，不能事到临头再去抱佛脚，要早做准备；信息要具体，尤其是用人单位的地点、环境、人员构成、发展前景、对新进人员的基本要求等各方面的信息掌握得越具体越好。

只有做到知己知彼，才能达到百战不殆。知彼就是要了解就业形势、就业市场、用人单位，最重要的是寻找与自己的条件相符的单位，即主动、及时、准确、全面地收集有关信息，知道哪些单位需要人、需要什么类型的人、有什么要求以及单位效益和发展前景、工资待遇和福利如何等。

（3）认真分析就业市场，确定合理择业期望值。成功择业就是选择市场所需并且与自身专长相吻合的工作，以便对自己的整个职业生涯有所裨益，并能谋求自身的发展。因此，大学生应该认真分析市场需求、个人特长与职业理想，并将市场、个人、薪资三方面因素结合起来考虑，合理调整择业期望值。

目前，不少毕业生片面追求高薪资、热门地区的工作或者漫无目的地找工作，整天忙于赶招聘会、投简历，认为“找份好工作不容易”，常为“我要找什么工作”而困惑，而找到工作后又为“我是否需要改变工作”而迷惘。其原因就是没有在市场的需求、自身的特长中找到一个最佳的结合点，没有一个明确的就业目标。

大学生在对市场需求、个人特长与职业理想进行分析时，应当首先回答诸如：这类人才的需求是长期的还是短期的？这类工作从长远的角度来看是否稳定？这类工作的发展空间如何？从事这类工作一段时间后自己的能力会不会有所提高？与自身的特长和兴趣、志向是否相近？对自身的职业生涯是否有好处？这类工作薪资发展状况如何等问题，然后确定自己的目标，并通过努力达到自己的目标。

（4）增强择业自信心，积极把握就业机会。择业目标确定之后，大学生在实现这一目标的过程中，一定会遇到这样或那样的问题和困难，经受事先预想不到的考验。有些毕业生可能会因此而产生思想压力和心理上的不平衡，在这种情况下，自信心是非常重要的。也许自己的知识和能力尚有欠缺，但要相信自己能够胜任工作，并且能够在最短的时间内掌握新知识、具备新能力。现在，技术创新日新月异，对任何人来说，都需要不断地学习，不断地充实自己。因此，只要有信心，通过努力就一定能成功。此外，大学生可以利用自己的特长去争取主动，并积极弥补不足之处，改变择业竞争中的被动局面。

3. 大学生就业的思想准备

如果有了充分、正确的思想准备，对于进行就业准备的大学生来说就意味着有了一个良好的开端，往往可以起到事半功倍的作用。大学生可以从以下几个方面来进行思想准备：

（1）进行客观的自我评价和准确的个人定位。自我评价既是大学生职业规划的前提，也是就业准备的重要内容。所以，大学生应该对自己进行客观、准确、符合实际的自我评价，即对自己的知识水平、个人能力、心理、性格、气质、兴趣、爱好、优缺点、价值取向等进行全面、客观的评价。个人定位是指大学生对自我现状的认识以及对自己今后所从事的工作及工作能力的判断（也可以称为就业期望）。可以说，客观的自我评价是准确的个人定位的基础。从心理学角度看，人在进行自我评价的过程中，往往存在着刻意回避自我不足的潜意识，从而造成过高的自我评价。另外，我国传统文化氛围里的谦虚意识也可能造成过低的自我评价。过高或过低的自我评价都会造成个人定位的偏差，使大学生的职业历程变得坎坷。

大学生的个人定位在很大程度上受其就业期望值的影响。当前至少有一部分大学生的就业期望值偏高。他们认为自己是同龄人中的佼佼者，应该有一个灿烂的前程，一心希望留在大城市、政府机关工作，而且收入要高。他们的想法本无可厚非，只是他们可能没有注意到目前中国的高等教育正由精英化过渡到大众化，他们的观念没有跟上时代的变化，结果往往为找不到理想的工作而郁闷和苦恼。可见，对于就业期望值偏高、个人定位不切实际的大学生来说，适当地降低就业期望值、准确地进行个人定位是非常必要的。

（2）树立远大抱负，将个人发展同祖国建设大局结合起来。大学生是祖国建设的栋梁，理应以大局为重，响应党的号召，到西部或基层去、到祖国和人民最需要的地方去建功立业，将自己的职业发展和未来融入祖国的发展和建设中去，在为社会主义事业奋斗的同时，实现个人理想，体现自身价值。在国家大力支持的项目中，“大学生志愿服务西部计划”备受大学生的关注。

从长远来看，大学生响应国家号召，将自己所学的知识运用到基层实践中，既可以开阔眼界、磨炼意志、增长才干，也能为祖国做出贡献。

（3）应该处理好几个问题。大学生在就业时不可避免地会遇到一些类似的问题，比较有代表性的有：

①要稳定还是要挑战。到底是选择稳定的职业还是选择富有挑战性的工作呢？其实没有一个标准答案。因为各人的目标、兴趣不一样，选择的答案就不能一概而论。

稳定的工作意味着稳定的收入、规律的工作时间、按部就班的晋升和较为固定的人际圈。一般来说，工作压力不太大，时间较为宽松。但是，几乎一成不变的环境和工作内容很容易让人厌倦，所以需要更多的耐心。建议具有一定耐心的、希望工作和生活相对稳定的大学生选择此项工作。

从事富有挑战性的工作则意味着职业者需要肩负更多的工作压力和更大的风险、相对紧张的时间安排，需要付出更多的精力，同时需要一定的心理承受能力。但是，当顺利完成工作后获得的成就感和满足感也是难以用语言表达的。建议不安于现状、富有想象力且具有较强心理承受力的大学生选择此项工作。

②要专业还是要转行。从事与所学专业高度相关的职业，所需投入的成本（指时间、精力、经费）都会较小，而且成功的可能性相对较高。从事与所学专业没有联系的职业，需要职业者投入大量的时间、精力（甚至包括经费）来学习和掌握与本职工作相关的知识和技能，这就形成了职业成功的机会成本。大学生应该结合本人的实际情况，认真考虑这种成本。随着社会的发展，一些新兴行业和职业孕育而生。这些行业和职业对于所有的人来说都是全新的领域，基本上没有太多的经验可以借鉴和参考。但正是因为其新，竞争对手少，所以从业者成功的可能性也就更大。

③要感情还是要事业。每个人的价值取向是不同的。有的人以事业为重，先立业再成家；有的人以家庭和感情为重，为了家庭或感情可以放弃自己心目中理想的职业目标。即使是同一个人，在他人生的不同阶段，所追求的目标也可能会发生变化，所以，同一个人不同时期的选择也不一定相同。

大学生在进行就业准备时，最好能够明确每一个阶段的目标，权衡事业和家庭、工作及生活在各个阶段的位置，权衡为了职业上的发展可以放弃哪些个人生活，或是为了家庭或感情可以放弃哪些职业机会。

大学生是一个年轻、富有朝气和创造力的群体，应该首先以事业为重，在感情和事业之间，首先要选择自己理想的事业。

大学生必须具备一定的安全意识。进行就业准备的大学生在思想上要有一定的安全意识，在就业过程中尤其需要注意安全问题。大学生应该增强自身安全意识，提高辨别能力，并从以下几个方面多加留心，避免受到不法分子的侵犯：①及时查证用人单位的情况。可通过当地的亲友、校友及用人单位的主管部门等多种渠道了解用人单位的具体情况和资质，如地址、电话、工作性质、是否真的招聘人员等。②对要求上门面试、实习的单位要多加小心。对于几乎没有什么限制条件，而且时间要求非常紧迫的用人信息一定要加倍小心，不可轻易答应。另外，外出面试、实习前，一定要告知学校和家人自己的去向、联系方式。最好能够多人结伴而行，并与家长和学校经常保持联系。③注意保护自己的个人信息。如果准备在网上登记求职信息，在准备个人材料时，大学生应该注意保护自己的个人信息，如联系方式、身份证号、家庭地址、家庭成员等。④遇到危险情况时要及时寻求援助。

4. 大学生就业的知识准备

职场中，有两种类型的大学毕业生最受用人单位的青睐。第一种是“通才”，即熟悉、掌握多个专业知识的人才，这样的大学毕业生可以适应多个岗位的工作；第二种是“专才”，即精通某一个专业领域的人才，这样的大学毕业生稍加培养就可以迅速成长为业务骨干。不管是通才还是专才，他们都具有较高的知识水平。可见，知识水平的高低对每一个准备就业的大学生来说是非常重要的。它直接关系到大学生能否找到满意的工作，能否将自己规划的职业蓝图变成现实。大学生可以从专业知识和非专业知识两个方面来进行就业的知识准备。

（1）重视专业知识的学习。大学生的专业知识学习贯穿其整个大学时期。大学生应该高度重视专业知识的学习，因为这是大学生在就业时拥有的最重要的资本之一。专才之所以“专”，就是因为他们的专业知识有相当的深度，而钻研高深的专业知识，必须具备良好的专业基础。所以，大学生应该从进校起就努力学好基础知识，只有具备了扎实的专业基础知识，才能进入下一步的专业研究。在学好本专业的同时，大学生不妨学习一些相关专业知识或是自己感兴趣的专业知识，这既可以充实自己，开阔眼界，也可以把自己打造成“一专多能”的人才。大学生在进行专业知识的学习时，要注意知识的系统化和结构化，要善于积累，同时也要注意知识的更新，要根据社会的发展和需要及时调整自己的知识结构，并将理论知识与实际工作、生活联系起来。

（2）注重非专业知识的准备和运用。非专业知识是相对于所学专业知识以外的其他知识的统称。非专业知识是构成大学生知识体系不可或缺的一部分，包括公共知识、生活常识、待人接物的礼仪、求职面试的技巧等，常常是用人单位考核大学毕业生的内容之一。

现在有不少职业都对应试者提出了资格准入的要求，其中一部分就是非专业知识方面的要求。如每年都有许多大学生报名参加的国家公务员考试。大学生可以根据自己的职业规划，有针对性地着手准备。

一些日常生活中的小常识也是大学生就业准备时应该注意的地方。有时一些很小的细节就可以左右单位考核人员对应试者的看法，而且有些用人单位的招聘人员会专门通过细微之处来考查应试者。

在非专业知识的准备上，大学生需要注意的地方有：①了解应聘单位的基本情况和相关知识。②衣着得体。选择适合职业环境的着装，如职业装，保证衣着整洁、大方。③遵守时间。提前到达面试地点。④表情自然，举止得当，不卑不亢。⑤注意礼节，感谢每一位帮助你的人。⑥要有自信心。⑦控制自己的情绪。⑧紧张的时候，尽量用简短的语言表达自己的观点。⑨把握主动，展现自己的特长。

总之，大学生要加强并巩固专业知识的学习，积累非专业知识，综合利用所有知识，完成就业的知识准备。

5. 大学生就业能力准备

能力是直接影响活动效率，使活动顺利完成的个性心理特征。大学生需要具备多方面的能力，其中与就业能力直接相关的如下：

（1）表达能力。作为人与人之间最主要的交流工具，在日常学习、工作和生活中，语言和文字所起的作用无可替代。不论今后从事管理工作还是技术工作，是在政府机关还是在民营企业，是用语言还是用文字，清楚、准确地表述是十分必要的。用人单位对大学生表达能力的基本要求是：能用准确、流畅的语言讲述事实，表达观点，能够撰写计划、总结、调查报告、公函等文书。大学生可以通过日常训练、参加专门的培训等方式来提高自己的表达能力。人们通常会对熟悉的、形象生动的、特点鲜明的信息产生积极的心理反应，而且印象深刻。所以，在表述时使用一些生动的、幽默的语言，列举具体的事例和数据，就可以增强自己语言的说服力和感染力，也会让人记忆犹新。

（2）逻辑思维能力。用人单位常会考查应聘者的逻辑思维能力。这种考查不是考核应聘者的逻辑专业知识，而是考核应聘者对各种信息的理解、判断、分析、综合、推理等逻辑思维能力。即使有些大学生不具备相关的专业知识，但仍然可以有较强的逻辑思维能力和运用能力。

（3）沟通能力。沟通的形式多种多样，最主要的方式是语言沟通，包括口头和书面、本地语言和外语以及其他语言符号（如网络语言符号）等。除了语言以外，非语言方式的沟通也是沟通的重要组成部分。非语言沟通包括衣着、表情、神态、姿态、动作、距离等。非语言沟通常被称为身体语言。在人际交往过程中，语言沟通和非语言沟通是并存的，两者相互补充、相互印证。在一般情况下，两者是一致的。但是，当两者相互矛盾时，人们大多愿意相信非语言沟通传递的信息。比如，某应试者自称专业如何精深，却在被问及专业知识时抓耳挠腮、支支吾吾。这时候，招聘人员更愿意相信应试者说的不是真实情况。能够准确、高效地将信息传递给信息的接收方，并能正确理解对方传递的信息，这是对大学生就业必备沟通能力的要求。

（4）决策能力。一个独立处理问题的过程其实就是一个决策的过程，因此，决策能力就是独立处理问题的能力。

（5）实践能力。大学生的实践能力直接影响到工作能否顺利完成。因此，用人单位一般对大学生的实践能力有较高的要求。一些眼高手低、只有理论没有实践经验的应聘者是不受用人单位欢迎的。大学生应该创造并珍惜每一次实践的机会，多看、多听、多练、多思考，培养自己的实践能力。

（6）应变能力。应变能力可以理解为处理突发事件的能力。在紧急情况下，如果事态发展得不到迅速控制，后果可能不堪设想。这就要求应对者具有一定的应变能力，要临危不乱和快速决断。

人生在世，谁都想成就一番事业，实现人生价值。然而，事业的成功是实力与机遇共同作用的结果。机遇总是青睐那些做好准备的人。大学生活虽然是人生中不长的几年，但却是弥足珍贵的，有人在这里奋起，也有人在这里迷失。大学期间做好就业准备，不断完善职业规划，可以让你理性地选择职业，把迈出的每一步都作为成功的起点，最终实现自己的理想。

正确抉择才能走向成功，实现理想。大学生在进行就业准备时，应不断分析自我、了解自己、分析环境、了解职业世界，使自己的性格、兴趣、特长与职业相吻合。不要强求一蹴而就的际遇，必须考虑到渐进的可能。一蹴而就更多时候只是美好的愿望，路总是曲折漫长的，情况也许会很复杂。但是，只要有科学、合理的职业规划做指导，只要认真、执着地准备，全力迎接挑战，相信无论在什么地方、什么岗位，你一定会成功。

参考文献

[1] 邓曦东，吴立生. 大学生就业指导［M］. 北京：中国国际广播出版社，2003.

[2] 杨书良，赵桂梅，王铮，等. 大学生素养与职业生涯设计［M］. 北京：机械工业出版社，2002.

[3] 张再生. 职业生涯开发与管理［M］. 天津：南开大学出版社，2003.

[4] 陈国荣，汤涛，刘雪芬. CGLC模式职业生涯规划［M］. 北京：中国劳动社会保障出版社，2005.

[5] 卜欣欣，陆爱平. 个人职业生涯规划［M］. 北京：中国时代经济出版社，2004.

[6] 张建东，线联平. 大学生就业案例教程［M］. 北京：中国人民大学出版社，2002.

[7] 孙沛娜. 高校大学生就业指导的困境及全程化指导路径［J］. 卷宗，2020，10（5）：268—269.

[8] 孙克芝. 新时代高校大学生就业指导工作的创新探讨［J］. 创新创业理论研究与实践，2020，3（1）：195—196.

[9] 蒋萍. 基于大数据的高校大学生就业创业指导策略研究［J］. 佳木斯职业学院学报，2020，36（9）：59—60，63.

[10] 宁国臣，王艳艳. 高校大学生就业创业指导工作探究［J］. 卷宗，2020，10（4）：285.

[11] 孙秋晨. 大数据时代高校就业指导教育工作的创新路径［J］. 佳木斯职业学院学报，2020，36（1）：287，289.

[12] 穆可. 高校就业指导工作探析［J］. 新西部（下旬刊），2020（5）：92，28.

[13] 王珩，夏道勋，杨焱. 大数据时代高校就业指导工作改革思考［J］. 现代职业教育，2020（1）：130—131.

[14] 白金明．茶文化导入大学生创业指导教学中的价值与策略研究［J］．福建茶叶，2018，40（9）：275.

[15] 支卓华．茶文化对大学生就业指导的作用分析［J］．福建茶叶，2019，41（4）：124－125.

[16] 阚兴辉．传统文化对大学生创业的影响［J］．中国职工教育，2014（24）：108－109.

[17] 谢娜．优秀传统文化视域下探索大学生生涯教育维度［J］．文学教育（下），2019（3）：165－166.

[18] 娄哲，冯长虹．浅谈高校思想政治教育在大学生就业指导工作中的作用［J］．佳木斯教育学院学报，2011（2）：37－37.

[19] 朱国平．思想政治教育在大学生就业指导中的作用［J］．江苏经贸职业技术学院学报，2009（5）：74－76.